"내 피로 세우는 새 언약이니"

(눅 22:20)

존 오웬의 성령론 맥 잡기

존 오웬의 성령론 핵심 요약정리와 목회적 적용

존 오웬의 성령론 맥 잡기

존 오웬의 성령론 핵심 요약정리와 목회적 적용

초판 1쇄 발행 2026년 1월 26일

지은이 ㅣ 이상웅 서창원 서문강 김효남 박재은 유창형
발행인 ㅣ 정대운

발행처 ㅣ 도서출판 새언약
편 집 ㅣ 김균필
교 정 ㅣ 문두재
등 록 ㅣ 제 2021-000022호
주 소 ㅣ 경기도 고양시 덕양구 동세로 138 삼송제일교회 1층(원흥동)
전 화 ㅣ 031) 965-6385
이메일 ㅣ covenantbookss@naver.com

ISBN 979-11-995269-6-9 (03230)

디자인 ㅣ 정하람

존 오웬
대작시리즈 해설서

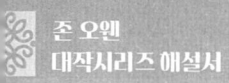

존 오웬의 성령론 맥잡기

존 오웬의 성령론 핵심 요약정리와 목회적 적용

Jone Owen

이상웅 서창원 서문강 김효남 박재은 유창형 지음

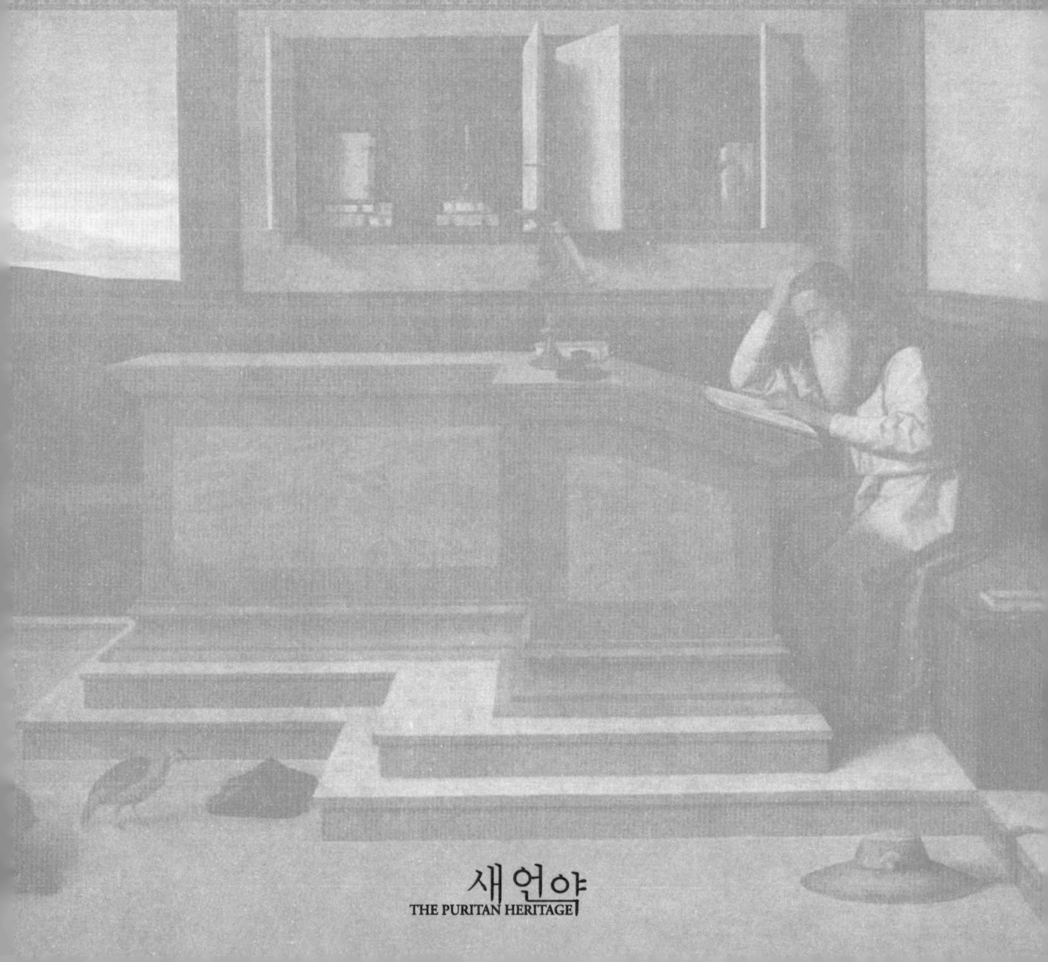

새언약
THE PURITAN HERITAGE

서문

한때는 성령의 망각(Geistesvergessen)을 운운하던 시대도 있었지만, 20세기 들어 오순절 운동, 은사 갱신 운동, 그리고 제3의 물결이 전 세계 교회를 휩쓸고 지나가면서 성령에 대한 극단적인 관심이 폭증하는 시대에 우리는 살고 있습니다. 마치 가뭄 때문에 기갈을 느끼다가 폭우와 홍수로 인해 정작 마실만한 맑은 물을 찾기가 쉽지 않은 것과 유사한 시대를 우리는 살아가고 있습니다. 이 또한 말세지말의 미혹이요 혼동이라고 할 것입니다. 물론 이러한 시대를 뼈아프게 반성하면서, 성경적인 성령론을 제시하려는 여러 노작들을 우리는 말할 수가 있습니다. 그 가운데 리처드 개핀, 싱클레어 퍼거슨, 마이클 호튼 등의 성령론을 고려할 수가 있습니다. 또한 칼빈, 오웬, 에드워즈의 성령론에 대한 여러 연구서 내지 입문서들을 우리는 잊지 말아야 합니다. 그럼에도 불구하고 여전히 성령에 대한 포괄적인 논구서가 필요하다고 느껴지는 이 시점에 새언약에 의해서 존 오웬의 성령론 본문 완역본이 출간되게 된 것은 현 한국교회에 대한 하나님의 축복이요, 큰 선물이라고 믿어 의심치 않습니다.

청교도주의의 황태자라 불리기도 하는 존 오웬(John Owen, 1616-1683)은 원문 성경, 교부 문헌, 종교개혁과 개혁파 정통주의 문헌, 랍비 문헌, 그리고 로마교회 신학자들이나 여러 주요 반개혁파 신학 문서들을 박식하게 알았던 사람으로서 개혁신학의 주요 요점들을 변증하고 확립하는 일에 기여를 한 신학자이기도 합니다. 오웬은 성경론을 필두로 하여 삼위일체론, 기독론, 속죄론 등에 대한 대작들을 남겼을 뿐 아니라, 성령론(pneumatology)에 대해서도 일련의 저술들을 남겼습니다. 이번에 새언약에서 첫 출간하는 『성령론』은 1674년에 간행한 저술로서 그간에도 크게 호평을 받아온 대작입니다. 윌리엄 윌버포스와 함께 클래팜파(the Clapham Sect)에 속했던 리처드 세실(Richard Cecil, 1748–1810)은 본서에 대해 "나의 보물 창고(treasure-house)이자 내 장서 중 일급의 저술들 중 하나"라고 평가한 바가 있으며, 19세기 후반 네덜란드의 신칼빈주의의 주창자였던 아브라함 카이퍼는 자신의 『성령의 사역』 서문(1888년)에서 "오웬의 연구서인 『성령과 그의 사역에 관하여』는 여전히 이 중요한 주제에 대한 주요 표준 저작으로 간주"할 수 있다고 호평하기도 했었습니다. 저자인 존 오웬 역시 본서의 "독자에게 드리는 말씀"에서 다음과 같이 고백하는데 이는 팩트에 입각한 고백이라고 할 것입니다.

> 다만 저보다 앞서 성령의 경륜 전체를 저와 같은 방식으로 탐문한 사람을 알지 못함을 말씀드립니다. 저보다 앞서 살았던 이들 중에서 성령의 경륜에 부속된 일들과 작용들과 그 효력들까지 다 다룬 이가 누군지는 저는 알지 못합니다.

물론 본서는 이미 1988년에 축약본이 역간되어 그간 수많은 한국 그리스도인에게 읽혀져 왔고 오웬의 성령론을 알리는 데에 크게 기여를 해왔습니다. 축약본이 그의 성령론에 대한 소개와 맛보기용으로 기여를 해왔지만, 오웬의 성령론의 전모를 알고 싶은 이들에게는 늘 갈증을 불러일으켜 왔습니다. 그러나 이제 새언약의 결행과 청교도개혁주의 번역 분야의 베테랑(veteranus)인 서문강 목사님의 지난한 수고에 힘입어서 본문 완역본을 읽을 수 있게 되어 복된 일이라 생각합니다. 전 세계적으로도 그러하지만, 한국 교회에서도 성령의 위격과 사역에 대한 엄청난 혼란 속에 있는 현황을 생각한다면, 이렇게 성경적이고, 교부적이며, 개혁파적인 정통 성령론이 우리 손에 들려지게 되는 것은 천재일우(千載一遇)라고 생각합니다. 본서는 구약과 신약 성경 본문들을 철저하게 천착하고, 주요 신학자들의 정통적인 견해들을 잘 종합했고, 나아가서는 성경 안에서 허락된 체험적인(experiential, bevindelijk) 차원도 포함하고 있습니다. 토마스 굿윈에 대비하여 오웬은 철저하게 신학적이기를 추구했다고 하는 일각의 평가는 본서의 탐독을 통해 시정되어야 마땅합니다. 오웬은 성경과 정통 신학의 테두리 안에서 하나님의 은혜의 실재를 풍성하게 체험하고 만끽하는 측면(즉, affectional aspect)을 결코 간과하지 않고 있기 때문입니다. 그리고 본서에서 오웬은 오웬 나름의 반대 진영들(아르미니우스주의, 소키누스주의, 아뮈랄두스주의, 급부상하고 있던 퀘이커주의 등)을 염두에 두고 비판적이고 변증적인 논의도 하고 있는데, 그런 내용들조차도 오늘날 비성경적인 성령론과 씨름하면서 물리쳐야 하는 우리들에게 지도적인 역할을 해주고 있다고 생각합니다.

본서의 본문을 통해서 우리는 존 오웬의 『성령론』의 배경과 개요에 대한 필자의 글을 필두로 하여, 서창원 교수님(1권), 서문강 박사님(2권), 김효남 교수님(3권), 박재은 교수님(4권), 유창형 교수님(5권)이 기고하신 각 권별 요약과 실천적 적용에 대한 글들을 읽을 수가 있습니다. 한글로 1,600쪽에 이르는 대작을 출간하면서, 본서에 대해 널리 알리려는 목표를 가지고 제4회 청목회 컨퍼런스를 개최하기로 협의되었고 그간 이렇게 준비가 되어졌습니다. 기꺼이 발제 요청에 응해 주시고, 발제문을 작성하는 수고를 해주신 다섯 분의 목사님들께 오거나이저(organizer)로서 감사를 드립니다. 2026년 1월 26일(월) 오전 9시−오후 6시 고양시 삼송제일

교회당에서 청목회 컨퍼런스가 개최됩니다. 본서의 출간과 본 컨퍼런스를 위해 삼송제일교회 담임이시자 청목회 대표인 정대운 목사님의 결단, 배려, 그리고 수고에 감사를 드립니다.

아울러 이렇게 방대한 대작을 완역하느라고 수고하신 서문 강 목사님께 다시 한 번 머리 숙여 감사를 드립니다. 서문강 목사님이 신대원에 재학 중이던 1976년에 로이드 존스의 『로마서강해1』을 부친의 도움으로 자비 출간한 것을 필두로 하여, 지난 반 세기 동안 100여 권에 이르는 청교도 문헌들을 번역 소개하는 일에 생을 헌신했기에 2025년 5월 15일 총신대학교 신학대학원 양지 캠퍼스 박형룡 박사 기념도서관에서는 서문강 박사 개혁신학 저서 역서 컬렉션 제막식을 가지기도 했습니다. 실무를 맡은 도서관장으로서 이 일을 준비하고 실행하면서 서문 목사님의 생의 수고를 반추할 기회를 가져 보았습니다. 그리고 지금까지 번역한 100여 권의 번역서 중에는 오웬의 『그리스도의 영광』, 『영의 생각 육의 생각』, 『죄 죽이기』 등도 포함되어 있는데, 이번에 새언약에서 거보를 내디딘 『성령론』 본문 완역본을 역간하는 일에도 큰 수고를 해 주셨습니다. 특히 현대인들에게는 따라잡기 힘든 만연체의 본문을 가독성 있게 만들기 위해서, 원문에 없는 소제목들을 일일이 만들어서 독자들의 편의를 도모해 준 것도 독자로서 감사할 일입니다.

그리고 겉으로 드러나지 않는 일이지만, 2년이 넘도록 본서의 편집 작업에 매진하면서 제2의 산고를 치른 김균필 목사님의 수고 또한 독자들은 잊지 말아야 합니다. 오웬의 난해한 문체, 그리고 라틴어화된 만연체를 한글로 옮겨 놓았으니, 이 글이 우리 독자들이 읽을 수 있도록 편집(editing)하는 일은 가히 제2의 산고(the second birth pangs)라고 할 수 있습니다. 그래서 올해 내내 이 출간 작업을 지켜보고, 때로 관여하면서 지내 온 필자는 청목회에 역자와 편집자에 대한 감사패 전달을 건의하기도 했습니다. 또한 자발적으로 교정을 위해 헌신한 삼송제일교회 성도에게 감사를 드리고, 막대한 번역비를 맡아준 성도의 헌신도 귀하다고 생각합니다. 조나단 에드워즈는 부흥의 역사를 진작시키기 위해 우리 인간이 할 수 있는 일 중에 좋은 양서들을 출판하고 보급하는 일이라고 적시해 준 적이 있는데, 이러한 일을 위해서 재정 후원을 하는 일도 왕의 일(King's Work)을 진작시키는 선한 사업에 동참하는 일이라고 생각합니다.

　본서의 출간과 기념 세미나가 순적하게 진행하도록 은혜를 베풀어 주신 삼위일체 하나님께 감사와 영광을 올려 드립니다. 또한 성령론의 표준 교과서라할 본서 번역본을 메마르고 갈급한 한국 교회 현장에서 선하게 사용되도록 은혜를 베풀어 주시기를 바랍니다.

2025.12.12.

이상웅 교수 자서(自序)

02. 존 오웬의 『성령론』 제1권 핵심 요약·평가·적용

_ 서창원 • 총신대학교 신학대학원 역사신학 은퇴 교수

03. 존 오웬의 『성령론』 제2권 핵심 요약·평가·적용
_ 서문강 · 중심교회 원로 목사

04. 존 오웬의 『성령론』 제3권 핵심 요약·평가·적용

_ **김효남** • 총신대학교 신학대학원 역사신학 교수

05. 존 오웬의 『성령론』 제4권 핵심 요약·평가·적용

_ **박재은** • 총신대학교 신학과조직신학 교수

06. 존 오웬의 『성령론』 제5권 핵심 요약·평가·적용

_ 유창형 • 칼빈대학교 조직신학 교수

01.
존 오웬의 『성령론』: 역사적 배경과 개요

이상웅 · 총신대학교 신학대학원 조직신학 교수

1. 들어가는 말

한국의 대부분의 그리스도인들에게 청교도 신학자 존 오웬(John Owen, 1616-1683)의 이름은 낯선 이름이 아닐 것이다. 그는 17세기 영국 청교도 운동 지도자 중 한 명이자, 토마스 굿윈(Thomas Goodwin, 1600-1680), 토마스 맨턴(Thomas Manton, 1620-1677) 등과 더불어 3대 청교도 중 한 명으로 꼽히기도 한다.[1] 청교도 개혁주의적인 신앙을 추구하는 이들이라면 그의 번역된 저술 중 한두 권이라도 읽어보았을 것이다:『죄죽임』,『시험』,『신자 안에 내재하는 죄』,『죄와 은혜의 지배』,『죄용서: 시편 130편 강해』,『배교의 본질과 원인』,『영적 사고』(『영의 생각 육의 생각』),『(삼위 하나님과의) 교제』,『성령이 도우시는 기도』,『소요리 대요리문답』,『참된 믿음의 특성과 능력』,『하나님을 경외하는 예배 : 예배와 교회 치리에 대한 지침』,『그리스도의 영광』 등. 그러나 이러한 책들은 주로 실천적이고 경건 함양을 위해 유익한 서적들이다.

사실 "청교도주의의 황태자"(the prince of puritanism)라 불리는 오웬의 신학적인 기여는 당시대에도 비성경적이고 반개혁주의적이었던 아르미니우스주의(Arminianism), 본서에서도 반박되고 있는 요한네스 크렐리우스(Johannes Crellius or John Crell, 1590-1633)가 속한 소키누스주의(Socinianism), 오웬의 평생의 동료이자 비판적 관계를 유지했던 리처드 백스터(Richard Baxter, 1615-1691)가 속했던 아미랄두스주의(Armyraldism) 등에 대해 변증하는 신학 저술들에서 빛을 발휘했는데,[2] 국내에는『기독론』,『칭의론』,『구

---

1 3대 청교도들에 대한 요긴한 입문은 Joel Beeke and Randall Pederson, *Meet the Puritans*, 이상웅, 이한상 공역,『청교도를 만나다』(서울: 부흥과개혁사, 2010), 413-419, 481-492, 499-504를 보라.

2 실천적인 저작들로 국내에도 많은 영향을 미쳐 온 리처드 백스터는 신학적으로는 오웬처럼 온전한 칼빈주의자가 아니었기에 당시대에도 지속적인 논쟁이 있었고, 특히 오웬과 긴 세월 우호적이면서도 논쟁적인 관계를 유지했다. 두 신학자간의 관계에 대해서는 Tim

속론』 등의 신학적 저술들이 역간되어 있을 뿐이다.[3]

존 오웬의 중요성에 대해서는 앤드류 톰슨(Andrew Thompson, 1814–1901) 목사가 1850년에 출간한 전기를 마무리 짓는 시점에서 잘 적시해 주고 있다.

> 그러나 우리는 다른 자질에 있어서는 오웬이 청교도들 중 어떤 사람과도 견줄 수 없이 탁월하다는 사실을 인정해야 합니다. 그의 요점과 에너지는 백스터를 능가하고 부드러움에서는 플라벨(John Flavel)을 능가하며, 웅장함으로 볼 때는 하우(John Howe)를 능가하고, 격언과 경구 두 가지 면에서는 헨리(Henrys)를 능가하며, 아름다운 비유에서 있어서는 베이츠(William Bates)를 능가합니다. 또한 당시뿐 아니라 다른 어느 시대의 신학 작가들 중에서도 그처럼 거룩한 학식의 축적된 보물을 지니고 있고, 하나님을 분명하게 밝히고 저항할 수 없을 정도로 옹호하는 정신을 지녔으며, 그처럼 심오하고 거대한 사상을 지닌 사람을 어디에서 발견할 수 있을까요? 그의 작품들은 그야말로 인내하며 수고한 이에게 분명한 결실로, 광택이 나는 순결한 광석 덩어리들을 주는 금으로 가득한 토양과도 같습니다.[4]

Cooper, John Owen, *Richard Baxter and the Formation of Nonconformity* (Farnham: Ashgate, 2011); *When Christians Disagree: Lessons from the Fractured Relationship of John Owen and Richard Baxter* (Wheaton: Crossway, 2024) 등을 보라.

3　John Owen, *A Declaration of Glorious Mystery of the Person of Christ*, 박홍규 역, 『기독론』(서울: 개혁된신앙사, 2005); *The Doctrine of Justification by Faith*, 박홍규 역, 『칭의론』(서울: 처음과나중, 2020); *Salus Electorum, Sanguis Jesu*, 박홍규 역, 『구속론』(서울: Bookk, 2025). 그리고 칼빈주의에 대항하는 여러 신학 조류들에 대한 변론가로서 오웬의 기여와 주요 내용은 Stephen Westcott, *By the Bible Alone! John Owen's Puritan Theology for Today's Church* (Fellsmere: Reformation Media & Press, 2010), 91–228을 보라.

4　Andrew Thompson, "Life of John Owen, D. D." in *The Works of John Owen*, ed. William H. 엄경희 역, 『청교도의 황태자 존 오웬』(서울: 지평서원, 2006), 189.

존 오웬의 신학적인 대작들을 역간하려는 중요하고도 원대한 기획을 시작한 새언약 출판사는 2024년에 이르러 그 첫 결실로 국내에서는 지금까지 소개된 적이 없던 대작 『성경신학』(*Theologia Pantodapa, ET: Biblical Theology*, 1661)을 출간함으로 그 첫발자국을 강렬하게 내딛었다.[5] 또한 이번에는 개혁주의 종말론의 역사에 있어서 대작으로 꼽히는 오웬의 『성령론』(*Pneumatologia*, 1661) 본문 완역본을 한국 독자들에게 선보이는 쾌거를 이루었다. 필자는 조나단 에드워즈의 성령론을 전공하여 박사논문을 썼기에[6] "성령의 신학자"라 불리는 존 칼빈과 더불어 성령론을 구체적으로 세밀하게 심화시켜 다룬 존 오웬의 『성령론』 완역본이 출간되기를 학수고대해 왔는데, 이렇게 그 간절한 바람이 현실이 되는 것을 보니 기쁘기 그지 없다. 물론 국내 독자들 가운데는 오웬의 성령론이 낯설지 않은 이들이 있어서, 또 새로운 번역본이 나오는가 하는 그런 생각을 하기도 할 것이다. 그러나 1988년에 역간되어 지금까지 수많은 독자들의 사랑을 받아온 역본은 본문 완역본이 아니라 축약본이었고,[7] 많은 수고 끝에 간행되는 본서는 오웬이 1674년에 출간한 원서의 완역본이라고 하는 점을 첫머리에 강조하고 싶다.

윌리엄 윌버포스와 함께 클래팜파(the Clapham Sect) 속했던 리처드 세실(Richard Cecil, 1748–1810)은 본서에 대해 "나의 보물 창고(treasure-house)이자 내 장서중 일급의 저술들 중 하나"라고 평가한 바가 있으며,[8] 19세기 후

---

5   John Owen, *Biblical Theology*, 조계광 역, 『성경신학』(고양: 새언약, 2024). 역서에는 출판사 이름이 언약으로 되어 있으나 동년에 새언약으로 변경되었다. 그리고 2024년 8월 10일–12일 어간 속초 추양하우스에서 열린 삼송제일교회 전교인 수련회를 통해 필자는 본서의 배경과 주요 내용들에 대한 강론을 한 바가 있다.

6   이상웅, 『조나단 에드워즈의 성령론』(서울: 부흥과개혁사, 2009/ 서울: 솔로몬, 2020).

7   물론 국내 독자들은 오웬의 성령론을 잘 알고 있기도 한데, 이는 1988년에 역간되어 지금까지 수만 권이 보급된 John Owen, *The Holy Spirit*, 이근수 역, 『개혁주의 성령론』(서울: 여수룬, 1988) 때문이다.

8   "Owen stands at the head of his class of divines. His scholars will be more profound and

반 네덜란드의 아브라함 카이퍼는 자신의 『성령의 사역』 서문(1888년)에서 "오웬의 연구서인 『성령과 그의 사역에 관하여』는 여전히 이 중요한 주제에 대한 주요 표준 저작으로 간주"할 수 있다고 호평하기도 했었다.[9] 뿐만 아니라 조나단 에드워즈는 그의 3부작 중 하나로서 참된 성령의 역사함으로 주어지는 전인적 신앙에 대해 분별론을 제시한 『신앙감정론』(1746)에서 본서를 인용하기도 했다.[10] 따라서 존 오웬이 "독자에게 드리는 말씀"에서 다음과 같이 고백하는 것은 결코 과장이 아닐 것이다.

> 다만 저보다 앞서 성령의 경륜 전체를 저와 같은 방식으로 탐구한 사람을 알지 못함을 말씀드립니다. 저보다 앞서 살았던 이들 중에서 성령의 경륜에 부속된 일들과 작용들과 그 효력들까지 다 다룬 이가 누군지는 저는 알지 못합니다.[11]

---

enlarged, and better furnished, than those of most other writers. His work on the Spirit has been my treasure-house, and one of my very first-rate books." (William H. Goold, "Prepatory Preface," in *The Works of John Owen* [Edinburgh: Banner of Truth, 2000], 3:3에서 재인용). 강조는 필자의 것이다.

9 Abraham Kuyper, *Het werk van den Heiligen Geest*, 3 vols., 2nd ed. (Kampen: Kok, 1927), 1:6: "Overmits Owens studiën 'over den Heiligen Geest en zijn werk' nog steeds het groote standaardwerk over dit gewichtig onderwerp vormen, dient de geschiedenis van deze studiën hier kortelijk toegelicht." (강조는 필자의 것이다). 카이퍼는 자신의 성령론 서문(voorrede)에서 오웬의 성령론의 중요성을 매우 강조했을 뿐 아니라, 오웬의 생애와 저술에 대해 많은 지면을 할애해서 소개해 준다(1:8-18). 영역본과 그에 기반한 한역본은 이러한 논의들이 대부분 생략되어 있다: Abraham Kuyper, *The Work of the Holy Spirit*, 김해연 역, 『성령의 사역』(서울: 성지출판사, 1998).

10 Jonathan Edwards, *Religious Affections*, 정성욱 역, 『신앙감정론』(서울: 부흥과개혁사, 2005), 107-108, 360, 524-525. 특히 편집자였던 존 스미스 교수의 논평을 참고하라: "오웬은 도덕과 신앙의 차이점을 보여 주고 싶었다. 또한 청교도적 언어로 표현하자면, 의롭고 건전한 삶을 사는 것과 성령을 통해 하나님의 특별한 은혜를 체험하는 것의 차이를 보여 주고 싶었다. 에드워즈가 발췌한 인용문들은 오웬 자신의 논증과 깊이 관련될 뿐 아니라 『감정론』의 주제와도 연결된다. 인용문들은 '감정에 작용하는 성령의 일반적인 사역과 특별한 의미에서의 영적인 사역 사이의 차이에 대한 것이다. 에드워즈는 성령의 은혜로운 사역은 감정을 '수리하고', '채운다'는 오웬의 주장에 전적으로 동의했다. 에드워즈가 특별히 주목한 인용문들은 성령의 역사를 판단하는 이런 기준들의 의미를 설명해 준다."(108).

11 John Owen, *Pneumatologia*, 서문강 역, 『성령론(1)』(고양: 새언약, 2025), "저자가 독자에게

이처럼 중요한 대작의 완역본이 출간되는 것을 기쁘게 생각하면서 본서에 대한 안내를 시도해 보고자 한다. 이 글은 본서에 낯선 이들이나 배경과 개요 등을 얻고자 하는 독자들을 위한 시도일 뿐이고, 더 중요한 것은 직접 텍스트를 찬찬히 읽고 공부해 보는 것이다. 이어지는 본문에서 먼저는 오웬이 누구인가에 대해 간략하게 소개한 후에, 이어서 오웬의 『성령론』에 대한 소개를 한 후에, 감사의 글과 본서의 활용법에 대한 제안으로 끝맺고자 한다.

2. 존 오웬의 생애

유명한 신학자의 사상이나 저술을 이해하려면 배경을 이해하는 것이 필요하다. 오웬은 자신에 대해 말을 아꼈을 뿐 아니라, 일기를 남기지 않았기 때문에 그의 생애는 "일급의 역사적 수수께끼"라고 평가되기도 했다[12] 그러나 최근 연구들을 통해서 오웬의 공적 이력에 대해서는 꽤 많은 정보들이 제공되고 있다. 다만 해설의 글이기 때문에 개요만 소개하려고 한다.[13]

드리는 말씀."

[12] Godfrey N. Vose, "A Profile of a Puritan: John Owen (1616–1683)" (Ph. D. dissertation, The University of Iowa, 1963), 29.

[13] 피터 툰(Peter Toon, 1939–)과 벨파스트 퀸즈 칼리지 교수인 코로포드 그리븐(Crawford Gribben, 1974–) 등의 폭넓은 조사와 연구의 결과로 이전 세대보다 더 풍성하고 분명한 전기적 이해를 가질 수 있게 되었다: Peter Toon, *God's Statesman: the Life and Work of John Owen* (Exeter: Paternoster Press 1971); Crawford Gribben, *John Owen and English Puritanism: Experiences of Defeat* (Oxford: Oxford University Press, 2016). 국내에는 Andrew Thompson, "Life of John Owen, D. D.," 엄경희 역, 『청교도의 황태자 존 오웬』(서울: 지평서원, 2006)과 Crawford Gribben, An Introducion to John Owen, 서학량 역, 『존 오웬의 시대, 존 오웬의 신학』(군포: 다함, 2025) 등이 있는데, 필자는 그리븐의 책들과 톰슨의 전기를 2절에서 많이 의존했음을 밝힌다.

2.1. 존 오웬의 초기 생애

오웬은 1616년에 옥스퍼드셔 스타드햄턴(Stadhampton in Oxfordshire)에서 청교도 목사였던 헨리 오웬의 4남 2녀 중 차남으로 출생하여,[14] 기초교육을 가정과 에드워드 실베스터가 운용하던 사적인 학교 교육을 받은 후에, 12세에(1628년) 옥스퍼드 퀸즈 칼리지(Queen's College, Oxford)에 입학하게 되었고, 1632년에 문학사(B. A.), 1635년에 문학석사(M. A.) 학위를 취득했다. 오웬이 옥스퍼드에 재학중일 때에 토마스 발로우(Thomas Ballow)의 지도를 받았고, 고전어와 고전문학에 대한 집중, 아리스토텔레스의 철학 등을 배웠다.[15] 또한 중세의 신학자들인 토마스 아퀴나스를 비롯하여 초대 교부들의 문헌을 읽는 훈련을 받았다.[16] 그러나 그가 재학중이던 시절의 옥스퍼드는 청교도 주의와는 거리가 멀었다. 영국 국교회를 로마교회에 가깝게 만들려는 윌리엄 로드(William Laud)가 찰스 1세에 의해 총장으로 임명된 것이 오웬이 재학중이던 1630년의 일이었다.[17] 오웬은 많은 숙고 끝에 로드주의에 순응할 수가 없어서 1637년에 옥스퍼드 대학을 떠나기로 결심하게 된다. 로버트 도르머(Sir Robert Dormer) 의 가정 목사와 가정 교사로 되었다가, 러브레이스 경(Lord Lovelace)의 가정으로 옮긴다. 두 가정에서 보낸 기간은 약 5년 정도였고, 가정 목사와 귀족 자녀 가

---

14 오웬의 형제 자매들에 대해서는 Gribben, *John Owen and English Puritanism*, 27–29를 보라.

15 칼 트루먼은 오웬의 옥스퍼드 재학시절 어떻게 지적으로 형성되었는지에 대해서 잘 정리해 주고 있다: Carl R. Trueman, *John Owen Reformed Catholic, Renaissance Man, Great Theologians Series* (Aldershot: Ashgate, 2007); 김재모 역, 『존 오웬』(서울: 부흥과개혁사, 2018); *The Claims of Truth: John Owen's Trinitarian Theology* (1999/ Grand Rapids: RHB, 2021), 1– 45("Owen in Context)

16 Gribben, *John Owen and English Puritanism*, 29–31. 오웬이 퀸즈 칼리지에서 받은 교육 내용으로는 문법과 수사학, 논리학, 도덕철학, 지리학, 천문학, 자연철학, 형이상학, 역사, 히브리어, 그리스어, 그리고 토론 훈련 등이 포함되어 있었다.

17 Gribben, *John Owen and English Puritanism*, 30–36.

정 교사 역을 수행하면서 많은 장서들을 활용해서 신학 연구에 집중하기도 한 시기이다.[18]

1642년(26세)에 왕당파와 의회파 사이에 내전이 발생하였을 때에 그는 의회 편에 선다.[19] 이러한 선택 때문에 그는 웨일즈 왕당파 삼촌의 재산을 이을 가능성을 잃어버리게 된다. 그는 런던으로 올라가서 차터하우스 야드(Charterhouse Yard)에 머물면서 신앙적인 갈등을 한다. 그러다가 그가 세인트 메리 알더만베리(St Mary Aldermanbury) 교회에 방문한 낯선 설교자의 설교를 듣고 의심의 구름이 걷히게 된다. 그의 원래 의도는 에드먼드 캘러미(Edmund Calamy the Elder, 1600-1666)의 설교를 듣고자 한 것이었다.[20] 일종의 회심을 체험한 오웬은 곧 바로 사역을 준비하게 되고, 아무런 배경이 없었던 그는 자신의 자격을 검증받기 위해서 첫 저술인『아르미니우스주의의 실상』(*The Display of Arminianism*)을 출간한다. 본서를 통해 그는 그간에 방대한 지식을 쌓은 것과 자신의 신학적 입장이 고(高) 칼빈주의(High Calvinism)임을 유감없이 드러낸다.[21]

첫 저술의 명성에 힘입어 그는 1643년 7월 16일자로 에섹스 주 포덤(Fordham in Essex)의 교구 목사로 부임하였고, 1646년에는 포덤에서 8킬로미터 떨어진 코게샬(Coggeshall in Essex)로 목회지를 옮기게 된다. 비록 국교도로서 부과되는 예배 참석 의무 때문이기는 하지만 2천 명이 넘는 회

---

18 1637년-1642년 어간의 오웬의 생애는 Gribben, *John Owen and English Puritanism*, 36-42를 보라.

19 청교도 혁명과 공화정 시대에 관해서는 G. E. Aylmer, *A Short History of Seventeenth-Century England*, 임의환 역,『청교도혁명에서 명예혁명까지』(서울: 삼문사, 1986), 123-174; Simon Schama, *A History of Britain*, 허구생, 손세호 공역,『영국사2- 브리튼의 전쟁들』(파주: 한울, 2023), 121-311 등을 보라.

20 John Asty, "Memoirs of Life of John Owen, D. D.," v. 이러한 오웬의 회심 체험은 후일 출간한 *Exposition of Psalm 130*, 박홍규 역,『죄용서: 시편 130편 강해』(서울: 부흥과개혁사, 2015)의 토대를 이루고 있다.

21 Gribben, *John Owen and English Puritanism*, 44-54 ; Trueman,『존 오웬』, 13.

중이 모이는 교구교회였다.[22] 그가 코게샬에 부임한 초기인 1646년 4월 29일 하원에서 첫 설교를 하게 된다.

2.2. 오웬의 공적인 전성시대(1649-1660)

오웬이 포덤에서 목회하던 시기인 1643년에 웨스트민스터 회의가 열렸지만, 그는 무명의 목사였기에 초대를 받지 못했다. 그러나 1649년 1월 30일에 찰스 1세 처형으로부터 시작된 공위 시대(English Interregnum, 1649-1660)에는 국가적인 인물로 급부상하면서 최전성기를 누린 시기가 된다. 오웬은 찰스 1세의 처형(regicide) 다음 날(1649.1.31.)에 하원 의원들 앞에서 설교를 하게 되고, 4월 29일에 다시 설교하게 되었을 때는 후일 호국경[23]이 되는 올리버 크롬웰(Oliver Cromwell, 1599-1658)의 호의를 얻는다.[24] 크롬웰은 오웬을 아일랜드 원정대 군목으로 데리고 갔고, 더블린 소재 트리니티 칼리지 재정비를 맡겼다.[25] 그리고 1650년말에서 1651년 초까지는 스코틀랜드 원정에도 군목으로 참여하게 된다.[26]

코게샬의 목회지로 다시 돌아오기가 무섭게 오웬은 옥스퍼드 총장이기도 했던 크롬웰의 추천에 힘입어 하원 투표를 거쳐 1651년 3월에 옥스퍼드 크라이스트 칼리지 학장(dean)으로 금의환향하게 된다. 1637년

---

22 Gribben, *John Owen and English Puritanism*, 68-72.

23 1653년 영국 최초의 헌법인 통치 장전(Instrument of Government)이 의회에서 통과되고, 크롬웰은 호국경(Lord Protector)의 지위를 부여받게 된다.

24 Gribben, *John Owen and English Puritanism*, 96-102. 오웬의 하원 설교문은 두 권으로 출간되어 있다: Martyn C. Cowan (ed.), *Sermons and Tracts from the Civil Wars* (1646-1649), CWJO 18 (Wheaton: Crossway, 2025); *Sermons from the Commonwealth and Protectorate* (1650-1659), CWJO 19 (Wheaton: Crossway, 2025).

25 오웬은 1649년 10월에 더블린에 도착하여 1650년 봄까지 머물면서 트리니티 칼리지 재정비와 설교 사역에 매진했다(Gribben, *John Owen and English Puritanism*, 110-113).

26 Gribben, J*ohn Owen and English Puritanism*, 117-122.

에 로드주의에 순응할 수 없어 학자로서 전도유망했던 옥스퍼드를 떠난 지 13년여 만에 오웬은 칼리지 학장으로 되돌아왔던 것이다.[27] 이듬해인 1652년 9월 26일에는 다시 크롬웰에 의해 옥스퍼드 대학교 부총장(Vice-Chancellor)으로 임명되기까지 한다.[28] 그의 부총장 직은 왕직을 제안받고 고려하던 크롬웰에 반대하여 호의를 잃은 1657년까지 4년간 지속되었고, 크라이스트 처치 학장직은 왕정 복고가 이루어지는 1660년까지 유지하게 된다. 약 9년의 기간 동안 오웬은 공적 생애에 있어서 최전성기를 누렸으며, 이 기간 동안에 그는 "학장, 강사, 이사, 부총장, 총장 대리인" 등의 공적 업무를 맡기도 했고, 잠시는 대학을 대표하여 하원의원이 되기도 했다.[29] 그는 크롬웰과 의회를 지지하여 많은 일들에 동참했지만, 크롬웰이 왕이 되고자 시도하려 할 때에는 반대하는 입장을 분명히 했다. 1657년 옥스퍼드 부총장직에서 물러나게 되고, 1660년에는 크라이스트 처치 학장직도 물러나게 된다.[30] 그 전에 그는 1658년 독립파 신앙문서인 사보이 선언(the Savoy Declaration) 작성에 동참하게 된다.[31]

2.3. 오웬의 후기 생애(1660-1683)

오웬의 공적인 전성시대는 1660년 3월에 대단원의 막을 내리게 된다. 우리가 유의해야 하는 것은 오웬을 크라이스트 처치 학장직에서 해임한 것은 왕당파가 아니라 1660년 3월 23일에 모인 장기의회에 의한 것이라

---

27 Gribben, *John Owen and English Puritanism*, 123–141.
28 Gribben, *John Owen and English Puritanism*, 141–142.
29 Gribben, *John Owen and English Puritanism*, 142, 155. 오웬은 또한 1653년 12월 23일자로 옥스퍼드 대학으로부터 명예 신학박사(D. D.) 학위도 수여 받게 된다(149).
30 Gribben, *John Owen and English Puritanism*, 175–181, 207.
31 Gribben, *John Owen and English Puritanism*, 197–199.

는 사실이다.[32] 앤드류 톰슨이 말했듯이 "폭풍 가운데 키를 잡도록 부름 받은 사람"의 역할이 시작된 것이다.[33] 찰스 2세는 1661년 4월 23일 웨스트민스터 사원에서 대관식을 했고, 그의 명에 따라 제구성된 기사 의회(Cavalier Parliament)는 영국 교회를 다시 성공회가 국교인 시기로 되돌리고자 하였으며 잉글랜드 국교회에 대해 순응하지 않는 비국교도를 억압하기 위한 법률을 제정하기 시작하였다. 클래런던 법전으로 불리우는 일련의 법들이 제정되고 시행되었다.[34] 1662년에는 잉글랜드 교회의 전례를 표준화하는 통일령(Act of Uniformity)을 통해 공동기도서만을 사용하도록 함으로, 이에 불응하는 2,500명의 청교도 목회자들이 성바돌로매 학살 기념일인 8월 24일에 축출되었다.[35] 비록 올리버 크롬웰의 왕이 되려는 시도를 반대하다가 호국경 가문의 신임을 잃어버린 오웬이지만, 이미 그는 왕정복고가 시작되기도 전에 모든 공직에서 물러나게 되었고, 1660년초 그는 고향 마을인 스타드햄튼으로 물러나서 작은 공동체 모임을 인도하는 한편, 집필 활동에 매진했다. 왕정복고 후 첫 출간된 책이 1661년에 나온 『성경신학』(Theologoumena Pantodapa)인데, 옥스퍼드에 재직하던 1658년 여름부터 집필은 시작된 것이다.[36] 오웬은 각종 비개혁파

---

32 Gribben, *John Owen and English Puritanism*, 207.

33 Thompson, 『청교도의 황태자 존 오웬』, 182: "많은 사람들은 오웬이 폭풍 가운데 키를 잡도록 부름받았다고 말한다." 그리고 오웬의 글 가운데는 바다와 관련된 이미지 사용이 자주 등장한다. Owen, 『성경신학』, 31에서도 "서로 모순되는 개념들의 바다 위를 방향키 없이 표류할 수 밖에 없"다는 문장이 나온다

34 1661년 제정된 기관법(Corporation Act, 1828년에야 폐지됨), 1665년에는 비밀집회 금지법(Conventicle Act, 1688년에야 폐지됨)과 5마일령(Five Mile Act)을 공표했다.

35 흔히 2천 명이 축출되었다고 하나, 그 역시 축출된 비국교도였던 올리버 헤이우드(Oliver Heywood, 1630-1702)는 2,500명으로 추산했다 (https://en.wikipedia.org/wiki/Great_Ejection. 2025.6.23.접속). John B. Marsden, *The History of the Later Puritans* (1854/ Stoke-on Trent : Tentmaker Publication, 2002), 469.

36 Gribben, *John Owen and English Puritanism*, 213. 그리븐은 또한 본서에 대해 다음과 같이 논평해 준다: "θεολογούμενα παντοδαπα (1661) was the final output of Owen's academic career, a gathering together of his lectures on the history of theology, which provides the

사상들에 반대하면서 논쟁적인 저술 작업도 이어갔다. 그리고 왕정복고 후 몇 년되지 않은 1665-1666년에 런던 대역병이 발발했고, 1666년에는 런던 대화재가 발생하였을 때에 오웬을 포함한 비국교도들은 이러한 두 재난을 비국교도들에게 행해진 국가적인 박해에 대한 하나님의 심판으로 이해했다.

그후 런던의 비순응파 목회자들은 자신들만의 예배 모임을 형성하기 시작했다. 오웬 역시도 런던에서 비밀 회중 집회를 가지게 되는데, 그 숫자는 30여 명이었지만, 회중의 사회적 지위가 뛰어났다. 또한 그는 시의에 따라 비겁하게 회피하지 아니하고 위정자들에게 비국교도들을 위해 탄원하는 글들을 썼다. 1670년에 비밀집회법이 부활하자, 상원에 탄원서를 써서 제출했다. 저술들로 인해 국제적인 명성을 얻고 있던 오웬이기에, 1670년과 1671년에 하버드 대학은 그에게 학장직을 제안했고, 네덜란드의 여러 대학도 동일한 초대를 보내왔으나 심사숙고 끝에 모두 거절한다. 찰스 2세가 1672년에 관용령(Declaration of Indulgence)을 발표했을 때에 오웬은 비국교도를 대표하여 감사의 글을 썼다. 찰스 2세와 그의 동생 제임스 2세는 오웬에 대해 호의적이었고, 많은 귀족들이 그를 지지했다. 그러나 그는 비순응파를 버리지 않았고, 자신의 영향력을 활용하여 존 번연(John Bunyan, 1628-1688) 석방에 힘을 쓴 결과 존 번연은 1672년 석방된다.[37] 독립파와 장로교가 연합하여 프린스 홀에 모여 주간 강좌를 할 때에 오웬도 설교자로 초대되었다.

그러나 1673년에 이르러 다시 관용령이 취소되어 비국교도와 오웬의

---

clearest evidence of his immediate respose to the Restoration."

[37] 오웬을 호의적으로 대했던 찰스 2세가 "당신처럼 학식이 높은 자가 땜장이 설교자의 설교를 듣는다는 것은 놀라운 일이"라고 말했을 때에, "국왕 폐하, 제가 만일 그 땜장이의 능력을 가지고 있다면 저는 아주 기쁘게 제 모든 학식을 버리겠습니다."라고 답변한 것도 유명한 에피소드에 속한다.

상황은 더욱 어렵게 되었지만 낙심하지 않고 그는 사역에 더욱 박차를 가했다. 동년에 런던의 목회자였던 조셉 카릴(Joshep Caryl, 1602–1673)이 소천한 후에, 오웬의 회중들과 카릴의 회중들은 연합하게 되는데, 그리븐이 제시하는 자료에 의하면 오웬의 원회중은 35명이었고, 카릴의 회중은 135명으로서 양 회중을 합산하면 170명에 이르렀다. 오웬은 박해 상황에서 결코 작지 않은 회중의 목회자로 사역을 시작해서 건강 악화로 1682년에 데이비드 클락슨(David Clarkson, 1622–1686)에게 물려주기까지 사역을 수행했다.[38]

오웬의 저술들은 80편이 넘으며, 영어 단어수로 800만 단어라고 한다. 그 중 1/4을 차지하는 것이 『히브리서 주석』이다. 사역과 더불어 오웬은 방대한 주석 집필에 매진했고, 마지막 권은 1684년에 유작으로 나오게 된다. 후기에 출간한 책들 중에는 『히브리서 주석』 2–4권, 『배교의 본질과 원인』(1676), 『성령론』(1674), 『칭의론』(1677) 등이 있다.

1675년에 첫 번째 부인인 루크 오웬이 소천하고 난 후, 18개월이 지나 오웬은 스타드햄튼 지주 집안에 속한 미망인었던 도로시 도일리(Dorothy D'Oyley)와 재혼하게 된다. 그러나 만년의 오웬은 신장 결석(kidney stones)과 천식(asthma)으로 고통을 당했고, 그의 체구는 구부정하게 되었다. 게다가 부당하게도 라이 하우스 음모(the Rye House Plot)에 가담한 것으로 의심을 받기도 했다. 오웬은 일링(Ealing)에서 1683년 8월 24일에 소천했다. 이 날은 만 21년 전에 2,500명의 청교도들이 축출되었던 성 바돌로매의 날이었다. 그의 육신은 9월 4일에 청교도 묘지인 번힐 필즈(Bunhill Fields)에 안장되었다. 오웬은 소천하기 바로 전날에 구술로 받아쓰게한 편지 가운데 다음과 같은 고백을 남겼다. 이는 그의 깊은 경건에서 나온 고백이었다.

---

38 Gribben, *John Owen and English Puritanism*, 249.

나는 내 영혼이 사랑한 그분께로 가려고 합니다. 아니, 내 모든 위로의 전부였던 영원한 사랑으로 나를 사랑한 그분께로 갑니다. 나는 폭풍 속에서 교회라는 배를 떠나갑니다 . 하지만 위대한 조타수가 배 안에 있는 한. 노 젓는 불쌍한 사람을 잃는 것은 사소한 일일 것입니다. 살고, 기도하고, 희망하고, 인내심을 가지고 기다리고, 낙담하지 마십시오. 그분께서 결코 우리를 떠나지 않으시고, 버리지 않으실 것이라는 약속은 무너지지 않습니다.[39]

그리고 소천하던 날 그는 자신의 저작 『그리스도의 영광』(*The Glory of Christ*)이 출간되었다는 소식을 듣고서는 "그 소식을 들어서 기쁩니다… 이 세상에서 지금까지 내가 보았거나 볼 수 있었던 것과 또 다른 방법으로 그 영광을 바라볼 수 있으리라고 오래도록 기다려 왔던 그날이 마침내 왔습니다."라고 고백했다.[40]

3. 존 오웬의 성령론 관련 저술들과 『성령론』(1674) 개요

이제 우리는 본격적으로 오웬의 『성령론』(1674)에 대한 개관을 해보도록 하겠다. 총 다섯 권으로 구성된 그의 『성령론』의 각권별 분석과 평가 작업은 다른 다섯 분이 맡아서 진행할 것이기에 필자의 글은 말 그대로 개관(overview) 작업 정도에 제한하고자 한다.

---

39 Thompson, 『존 오웬』, 174.
40 Thompson, 『존 오웬』, 175.

3.1. 오웬의 성령론적 저술

오웬의 성령론은 이번에 완역 출간되는 『성령론』에 국한되는 것이 아니라, 성령론 범주에 드는 여러 다른 저술들도 출간했다는 것을 먼저 주목해야 한다. 오웬 저작 전집은 19세기에 이르러 두 가지 판본으로 출간되었는데, 토마스 러셀(Thomas Russell) 편집의 21권 짜리와 그리고 에딘버러 목사였던 윌리엄 굴드(William H. Goold, 1815–1897)가 1850–1855년어간 편집 출간한 24권 전집 등이다.[41] 20세기에도 영인본으로 출간되어 온 것은 굴드 편집본이다.[42] 지금까지도 많은 독자들이 활용하고 있는 것은 굴드 편집본인데, 굴드 목사는 전집 3권과 4권을 성령론으로 기획해서 편집했다. 본 역서에 해당하는 것은 전집 3권 성령론(Pneumatologia) 1권 – 5권으로 출간된 것이고, 또한 이어지는 4권에는 『믿음의 이유들』(The Reason of Faith, 1677), 『하나님의 마음을 이해하는 이유들, 방식들 그리고 수단들』(The Causes, Ways, and Means of Understanding the Mind of God, 1678), 『기도에 있어서 성령의 사역』(The Work of the Holy Spirit in Prayer, 1682), 그리고 『위로자로서, 그리고 영적 은사들의 저자로서 성령의 사역에 관해』(On the Work of the Spirit as a Comforter, and as he is the Author of Spiritual Gifts, 1693) 등이 포함되어 있다. 이것을 도식화해서 다시 보자면 다음과 같다.

---

[41] The Works of John Owen, 21 vols. ed. Thomas Russell (London: Paternoster, 1826); The Works of John Owen, 24 vols. ed. William H. Goold (London: Johnstone and Hunter, 1850–1855). 굴드는 스코틀랜드 장로교 목사이자 신학 교수였는데, 그가 오웬 전집을 편집하고 출간한 시기는 35세에서 40세이던 시기였다. 이 전집 1권에 앤드류 톰슨의 전기가 포함되어 있는데, 톰슨 역시 36세에 오웬 전기를 출간했다. 필자는 이 두 사람의 30대가 수고롭기도 했지만, 영적으로는 참으로 복되었다고 생각한다. 한국의 그리스도인들 가운데도 20–30대에 오웬의 저술을 많이 읽고 유익을 얻었으면 하는 불붙는 소원이 느껴진다.

[42] The Works of John Owen, 23 vols. ed. William H. Goold, reprint (Edinburgh: Banner of Truth, 1965–1991). 그후 디지털 텍스트로도 공급되어진다: The Works of John Owen, 23 vols. on CD-ROM (Rio, WI: Ages Digital Library, 2000); The Works of John Owen, 24 vols. (Bellingham: Logos Bible Software, 2009).

전집 권수	권수	저술명
전집3권(WJO 3)	1권 2권 3권 4권 5권	『성령론』(*Pneumatologia*, 1674)
전집4권(WJO 4)	6-1권 6-2권 7권 8권 9권	『믿음의 이유들』(1677), 『하나님의 마음을 이해하는 이유들, 방식들 그리고 수단들』(1678) 『기도에 있어서 성령의 사역』(1682) 『위로자로서 성령의 사역』(1693) 『영적 은사론』(1693)

전집의 편집자였던 윌리엄 굴드 목사는 오웬의 성령론적 저술에 관해서 다음과 같이 논평한다.

그러한 시도가 이전에는 없었다 하더라도, 이 위대한 주제에 대한 완전하고 체계적인 논의에서 오웬과 감히 경쟁하려 시도한 신학의 후계자는 이 분야에서 찾을 수 없다는 것도 마찬가지로 사실이다. 탁월한 능력과 가치를 지닌 논문들이 이 주제의 여러 분야에 걸쳐 발표되었지만, 오웬의 이 저작이 포괄하는 광범위한 범위와 각 장에서 두드러지는 힘, 깊이, 그리고 풍부한 자료들을 고려할 때, 이 저작은 단순히 최초의 것이 아니라 우리 종교 문헌 전체에서 유일하고 독보적인 저작(not merely first, but single and alone in all our religious literature)이다.[43]

---

43 Goold, "General Preface," in WJO 3: 2-3.

그리고 21세기 독자들을 위한 새로운 전집을 내고 있는 크로스웨이사의 『존 오웬 전집』(*The Complete Works of John Owen*, 2023-)의 경우에는 총 네 권으로 성령론을 분책해서 간행하고 있다.[44] 굴드 판과 비교를 해서 도표화해보도록 하겠다.

굴드 판	권수	오웬 저술들	크로스웨이 판
전집 3권 (WJO 3)	1권 2권 3권 4권 5권	『성령론』(*Pneumatologia*, 1674)	5권과 6권으로 출간 예정
전집 4권 (WJO 4)	6-1 6-2 7권 8권 9권	『믿음의 이유들』(1677), 『하나님의 마음을 이해하는 이유들, 방식들 그리고 수단들』(1678) 『기도에 있어서 성령의 사역』(1682) 『위로자로서 성령의 사역』(1693) 『영적 은사론』(1693)	7권 7권 8권 8권 8권

---

44 Lee Gatiss and Shawn D. Wright (eds.), *The Complete Works of John Owen* (Wheaton: Crossway, 2023-). 총 40권으로 기획 출간중이며, 2025년까지 총8권이 간행되었다(이하에서 CWO로 약칭함). 이 가운데 성령론은 5권-8권으로 기획되었고, 지금까지 출간된 것은 다음의 두 권이다: Andrew S. Ballitch (ed.), *The Holy Spirit – The Helper*, CWO 7 (Wheaton: Crossway, 2023); Andrew S. Ballitch (ed.), *The Holy Spirit – The Comforter*, CWO 8 (Wheaton: Crossway, 2023).

3.2. 존 오웬의 『성령론』(1674) 개요

본서에 담긴 『성령론』(1674)은 총 다섯 권으로 구성되어 있는데, 오웬은 원래 각권별 제목을 제공하지 않았다.[45] 1792년에 최초의 축약본을 출간한 비국교도 목사 조지 버더(George Burder, 1752-1832) 목사에 의해서 각 권의 주제가 부과되었다.[46] 따라서 권별 제목은 버더의 제안을 따르면서 각 권의 개요를 살펴보려고 한다.[47]

제1권은 성령과 그분의 사역에 관한 일반적 원리들을 다루고 있으며 총 다섯 장으로 구성되어 있다.

> 제1장 성령과 그 역사에 관한 일반 원리
> 제2장 성령의 이름과 호칭들
> 제3장 성령의 신적 본질과 인격성
> 제4장 옛 창조와 성령의 고유한 역사
> 제5장 성령의 신적 경륜과 그 방식에 대하여

19세기 편집자인 윌리엄 굴드의 제1권 분석을 소개해 보고자 한다.

---

[45] 오웬은 권별 제목없이 다만 로마 숫자 I-V를 사용했을 뿐이다.

[46] George Burder, *Pneumatologia or, a Concerning the Holy Spirit* (Coventry: M. Luckman, 1792). 오웬의 성령론 초판(1674)의 경우는 575쪽인데 반하여, 이 축약본은 440쪽이다. 게다가 전자는 folio판이고, 후자는 duodecimo판이다(v). 그리고 이 축약본은 그후 출간된 다양한 판본의 축약본의 효시(嚆矢)를 이루었고, 한국에 소개된 축약본 John Owen, *The Holy Spirit*, 이근수 역, 『개혁주의 성령론』(서울: 여수룬, 1988) 역시도 그러하다. 필자는 본 역서가 그간에 한국 성령론 논의에 기여한 바를 높이 평가하면서도, 한 가지 지적하고 지나간다면 본 역서에는 - 설명없이 - 제5권(성화의 필요성)을 누락했다는 점이다.

[47] 오웬의 성령론 개관은 오웬 전문가인 앤드류 레슬리(Andrew M. Leslie)의 "Pneumatologia or, A Discourse Concerning the Holy Spirit (1674)," in *T&T Clark Handbook of John Owen*, eds. Crawford Gribben and John W. Tweeddale (London: T&T Clark, 2024): 387-413이 자세하고 정확하다.

이 논문의 첫 번째 권은 일반적이고 예비적인 고찰에 할애되어 있다. 성경에 담긴 영적 은사의 약속을 살펴보고, 성령 교리에 대한 건전한 견해의 중요성을 설명하기 위해, 성경에서 성령 교리가 차지하는 위치, 성령의 이름으로 자행된 오용, 하나님의 영의 요구와 상충되는 내면의 빛을 얻으려는 어떤 구실, 성령의 사역과 영향력에 대해 널리 퍼졌던 여러 위험한 의견, 그리고 세상에서 성령과 그의 사역에 직접적으로 제기된 반대를 고찰한다(제1장). 다음으로 성령의 이름과 칭호를 살펴본다(제2장). 성령의 신적 본성과 인격성에 대한 증거는 다음과 같다. 우리가 언약에 입문하는 공식(마 28:19), 그의 인격적 존재의 가시적 표징(마 3:16), 그에게 부여된 인격적 속성, 그가 행하시는 인격적 행위, 그리고 사람들이 그에게 행하는 행위 중 그의 인격성을 암시하는 행위들을 살펴본다. 그의 신격에 대한 간략한 증거는 그가 받으신 신적 명칭들과 그에게 부여된 신적 속성들로부터 비롯되며, 그의 인격성을 설명하는 논증에 첨부되어 있다(제3장). 옛 창조에서 성령이 하늘, 땅, 인간, 그리고 우주의 지속적인 유지와 관련하여 성령께서 행하신 사역은 충분히 설명되어 있다(제4장). 성령의 경륜(dispensation)은 아버지께서 주시는 것, 그를 보내시는 것 등과 관련하여, 그리고 그 자신의 자발적이고 개인적인 행위, 즉 나오시는 것, 오시는 것 등과 관련하여 예시되어 있다(제5장).[48]

이어지는 제2권에서 오웬은 새창조에 관한 성령의 일반적 경륜을 다루는데, 역시 다섯장으로 구성되어 있다.

제1장 신약시대를 준비하신 구약시대 성령의 역사들

---

[48] Goold, "Prefatory Preface," 3.

제2장 새창조를 위한 성령의 보편적인 경륜

제3장 새창조의 머리이신 그리스도의 인성과 성령의 역사

제4장 그리스도의 인성에 역사하신 성령

제5장 교회의 지체들을 새롭게 창조하시는 성령의 보편적인 역사

굴드의 본문 분석은 다음과 같다.

제2장에서는 구약 시대와 신약 시대를 준비하는 동안 성령의 특별한 사역, 즉 예언, 영감, 기적, 그리고 다른 은사들을 살펴본다(제1장). 새창조(new creation)에서 성령의 중요성은 신약 시대에 관한 성경의 위대한 약속의 주제가 성령이라는 사실로 입증된다(제2장). 그리스도와 관련된 성령의 사역은 이중적인 측면에서 전개된다. 1. 성령은 그의 인성을 형성하심으로써 그리스도에게 영향을 미쳤다(제3장). 잉태되는 순간에 인성을 거룩하게 하시고, 필요한 은혜로 채우시고, 특별한 은사들로 기름 부으시고, 기적적인 능력을 전달하시고, 그리스도를 인도하시고, 위로하시고, 지지하시고, 그가 자신을 흠 없이 하나님께 드릴 수 있게 하시고, 죽은 자의 상태에서 그의 인성을 보존하시고, 무덤에서 일으키시고, 마지막으로 영광스럽게 하셨다. 2. 성령은 여러 시대를 거쳐 그리스도의 인격과 사역에 대한 확실하고 명백한 증거를 확보하셨다(제4장). 새로운 창조에서 성령의 사역에 관해 일반적인 고려 사항이 강조되는데, 이는 그리스도의 신비로운 몸, 즉 모든 신자와 관련이 있다(제5장).[49]

이처럼 오웬은 1권과 2권에서 성령론에 대한 서론적 논의와 구약과 신

---

49 Goold, "Prefatory Preface," 3–4.

38 존 오웬 성령론의 맥잡기

약 시대의 성령론에 대한 논의(달리 말하면 구속사적인 논의라고 할 수 있다)를 마친 후에, 이어지는 제3장에서는 중생에 의한 성령의 재창조 사역을 다룬다. 구속주 그리스도가 객관적으로 성취하신 구원의 은혜와 분복들을 개인 신자 속에서 어떻게 적용해 나가시는지를 다루기 시작하는 것이다. 먼저 3권에서 중생케 하시는 사역을 다루는데, 여섯 장으로 구성하고 있다.

제1장 거듭나게 하시는 성령의 새창조의 역사
제2장 거듭남을 준비하시는 성령의 역사
제3장 죄로 말미암아 부패한 사람의 이지(理智)
제4장 사망과 생명의 영적 실상 비교
제5장 거듭남의 본질과 동인과 방편
제6장 어거스틴의 경우로 예증된 회심의 방식

역시 유능한 편집자였던 굴드의 본문 분석을 소개해 보겠다.

제3권은 성령의 특별한 사역인 중생에 대한 주제를 다루고 있다. 중생은 단순한 세례나 외적인 개혁, 또는 열렬한 황홀경에 있는 것이 아님을 보여준다(제1장). 중생을 준비하는 성령의 사역, 즉 조명, 확신 등이 제시된다(제2장). 다음으로, 인간의 본성적 상태를 영적으로 눈멀고 무능한 상태(제3장)와 영적으로 죽은 상태(제4장)로 설명하는 두 가지 중요한 장들이 이어진다. 다음으로 중생의 참된 본질이 설명되는데, 첫째는 부정적으로 말해서 그것은 도덕적 권유의 결과에 있는 것이 아니라는 것이 증명된다. 도덕적 권유는 정의되어 있고 그 효능의 범위는 고정되어 있다. 중생이 일으킬 수 있는 어떤 변화도 중생과 동일하다고 볼 수 없다. 왜냐하면 1. 의지를 결정하지 않기 때문이다. 2. 초자연적인 힘을 부여하지 않는다. 3. 우리가 효과적인 은혜를 위해 기도할 때 기도하는 것이 전부가 아니기 때문이다. 4. 실제로 중생이나 회심을 일으키지는 않는다. 따라서 중생은 긍정적으로 이해되는데, 이는 수단이 미칠 수 있는 모든 도덕적 작용, 즉 도덕적 작용뿐 아니라 영의 육체적, 직접적인 작용, 그리고 인간의 마음에 작용하는 이러한 내적 효능의 저항할 수 없는 불가항력을 함축하기 때문이다. 성령께서 중생에서 우리의 정신적 본성에 따라 역사하시고, 영감과 같은 영향력으로 우리에게 역사하시지 않으며, 의지에 어떠한 폭력도 가하지 않으신다는 설명에 이어, 중생에 대한 이러한 관점을 뒷받침하는 세 가지 논거가 제시된다: 첫째, 하나님의 능력에 의한 믿음의 대조, 둘째, 성경이 증명하는 내적 은혜의 승리하는 효능, 셋째, 성경의 다양한 용어로 묘사된 사역 자체의 본질, "살아남음", "중생" 등, 그리고 넷째, 은혜가 영혼의 다양한 기능에 미치는 영향을 나타내는 용어들이다(제5장). 이어서 회심의 방식은 어거스틴의 사례를 통해 설명되는데, 저명한 교부인 어거스틴이 자신의 회심에 대해 기술한 내용은 회심의 외적인 수단과 인간의 정신에 미치는 영적 영향의 다양한 정도와 효과를 설명하기 위해 선택되었다(제6장).[50]

이어지는 4권과 5권에서는 오웬의 방대한 성화론의 진수를 만나게 된다. 우선 제4권은 성화의 본질과 복음적 거룩(Gospel Holiness)에 대한 해설을 제시해 준다.[51]

---

50 Goold, "Prefatory Preface," 4.
51 존 오웬은 본서 4권과 5권 외에도 『죄죽임』, 『시험』, 『신자 안에 내재하는 죄』, 『죄와 은혜의 지배』, 『죄용서: 시편 130편 강해』, 『배교의 본질과 원인』, 『영적 사고』(『영의 생각 육의 생각』) 등과 같은 다른 저술들 속에서도 다양한 측면에서 성화(sanctification) 문제를 다루고

제1장 성화의 본질과 복음적 성결의 개념[52]

제2장 성화의 점진적(a progressive) 성격

제3장 믿는 자들만이 성화의 유일한 대상이다

제4장 죄의 오염의 실상과 죄를 정결하게 하심

제5장 성령과 그리스도의 피로 씻어지는 죄의 더러움

제6장 성도의 성화를 위한 성령의 적극적인 행사(work)

제7장 성결의 행위들과 의무들

제8장 죄죽임의 성질과 그 동인들(원인들)

4장에 대한 굴드 목사의 분석은 다음과 같다.

본서의 제4장은 중생의 행위로 시작된 것을 완성하는 과정으로 제시되는 성화 교리를 논한다. 이어서 성화의 본질에 대한 전반적인 관점을 제시하는데, 1. 외적인 헌신에서, 2. 내적인 정결케함에서 (1장). 성화의 점진적인 특징(2장), 성화는 오직 믿는 자에게만 적용되는 은혜로운 과정임을 증명한다(3장). 성화는 영적인 더러움을 제거하는 것과 관련하여 설명되며, 인간은 자신의 본성적인 타락에서 스스로를 정화할 수 없음을 증명한다(4장). 그리스도의 영과 피가 어떻게 마음과 양심의 정화에 효과적인지, 즉 영은 효과적이고, 그리스도의 피는 공로적이며, 믿음은 도구적 원인이며, 고난은 종속적인 도구로서 작용하는지(5장), 성화의 적극적인 역사는 다음과 같으

있다.

[52] 오웬은 4권 1장에서 성화를 다음과 같이 정의내려 준다: "우리의 성화는 성령으로 말미암아 하나님께서 우리 본성 전체를 직접 거룩하게 하시는 일이며, 예수 그리스도로 말미암아 수립된 하나님과의 화평에서 난 것이다. 성화는 우리가 그리스도의 형상으로 변화되어 하나님과 영원히 화평한 가운데서 책망할 것이 없는 자로 영원히 보전되는 것이다. 하나님께서 우리에게 하신 언약의 조항에 따라서 우리를 은혜로 끝까지 받으시는 것이다."

며, 두 가지 명제의 증거를 포함한다. 1. 성령은 신자들이 하나님의 뜻에 순종할 수 있게 하는 초자연적인 경향성과 원리를 심어주며, 이는 지적이든 도덕적이든 모든 자연적인 습관과 다르다. 2. 은혜는 모든 받아들일 만한 순종의 행위에 필수적이다. 첫 번째 명제에 따라 네 가지 사항을 고려한다. 주장된 원리의 실체, 의지를 기울이는 원리의 본질, 이 원리가 부여하는 능력과 성향, 마지막으로 다른 모든 습관과의 구체적인 차이점(6장). 두 번째 명제에서는 거룩함의 행위와 의무를 검토하고, 그것들에 대한 은혜의 필요성에 대한 증거를 제시한다(7장). 죄죽임(mortification)이 성화의 특별한 부분이라는 본질을 고찰하고, 이 영적 수행에 대한 지침을 제시하며, 죄의 고행을 위한 구체적인 수단을 명시하고, 이 의무에 대한 몇 가지 오류를 바로잡는다(8장). [53]

『성령론』(1674)의 마지막 제5권은 성화의 필요성(The Necessity of Holiness)을 제시하는 것으로 대작을 마무리짓고 있다. 총 다섯 개 장으로 구성되어 있다.

제1장 하나님의 성품(nature)을 고려할 때 절대 필요한 성결
제2장 성결의 동기가 되는 하나님의 영원한 선택(election)
제3장 하나님의 명령과 성결의 필요성
제4장 그리스도를 보내신 하나님의 목적과 성결의 필요성
제5장 세상의 조건과 성결의 필요성

이처럼 오웬의 『성령론』은 그 분량에 있어서 방대하지만, 큰 줄기로 보

---

53 Goold, "Prefatory Preface," 4.

자면 구속사(historia salutis)적 측면에서와 구원 서정(ordo salutis)적인 측면에서의 내용으로 대별된다. 특히 성령의 구원 적용 사역에 있어서는 현대에 와서 세밀하게 분류된 방식은 아니지만 크게 중생과 성화 두 가지 사역으로 대별하여 자세하게 설명해 주는 것을 보게 된다.[54] 청교도 신학의 거장으로서 중생 혹은 회심론의 정수를 본서에서 제시해 주고 있으며, 오웬 자신의 개인적인 추구에서도 강렬한 주제였던 성화론을 본서 4권과 5권에서 집대성하고 있다고 할 것이다.

본문 완역본인 본서를 통독하여 보면 존 오웬의 성령론이 그 방대하고 철저한 논의에 있어서 타의 추종을 불허하기에 여전히 성령론의 고전적 대작으로 평가되고 있는 것에 기꺼이 동의를 하게 될 것이라고 본다. 오웬은 성령론을 전개함에 있어 구약과 신약의 원문에 대한 방대한 지식을 활용하고 있을 뿐만 아니라 교부들의 저술들을 논의의 소재로 삼고 있다.[55] 뿐만 아니라 그가 신학적으로 대적하여 싸워야 했던 당시대의 아르미니우스주의, 소키니우스주의, 아미랄두스주의 등에 속한 문헌들도 비판적으로 다루고 있기도 하다. 매우 높은 칼빈주의 신학자로 평가되는 오웬답게 그의 신학은 성경적이고, 신앙고백적이며, 또한 정통적이다. 그리고 개혁신학의 이상에 적합하게 학식(scientia)뿐만 아니라 체험적이고

---

[54] 존 오웬의 중생론에 대한 학술적인 논의는 Stephen M. Taylor, "An Assessment of John Owen's Realist Understanding of the Doctrine of Regeneration and Its Continuity with the Reformed and Western Tradition"(Ph. D. dissertation, 2020)를 보고, 오웬의 성화론의 배경과 그 내용에 대한 학술적인 논의는 Kim Myoung Jin, "John Owen's Doctrine of Sanctification" (M. Th. Thesis, University of Glasgow/ Free Church of Scotland College, 2007)를 보라.

[55] 버더의 축약본(Burder, Pneumatologia, v.)에서부터는 오웬의 수많은 헬라어와 라틴어 교부 인용문들을 거의 삭제하고 있는데, 본문 완역본인 본서의 경우에도 동일한 전략을 취하고 있다. 한역본에서는 버더의 이름이 보이지 않지만 −1792년판 원본에 의하면 버더의 글로 확인되는데− 다음과 같이 생략의 이유를 해명해 준다: "저자의 헬라 교부들과 라틴 교부들의 많은 인용 글들이 여기에서는 생략되었다. 지루하고 진부한 내용들과 이탈되는 글들도 빠졌다. 비평적인 내용들은 간단히 발췌하여 작은 활자로 하단 각주에 실었다."(Owen, 『개혁주의 성령론』, 7).

실천적인 경건(pietas)도 겸전한 신학자이기에 21세기 한국 교회에 훌륭한 멘토로 추천할만한 청교도이기도 하다.[56] 그동안 오웬의 성령론은 영어권에서도 여전히 논의의 대상이 되어 왔을 뿐 아니라,[57] 국내에서도 많은 관심의 대상이 되어 왔기 때문에 본서 완역본은 한국의 성령론 논의의 역사에 있어서 분수령(分水嶺)을 이룰 것으로 예상한다.[58]

4. 감사의 글과 본서의 활용에 관하여

이제 해설의 글을 마무리하면서 감사의 말과 본서의 활용에 대한 제

---

[56] 오웬은 체험적인 차원을 조금도 무시하지 아니하고 부차적이긴 하지만 본서 곳곳에서 강조하고 있기 때문에 존 굳윈의 다음과 같은 논평은 수정이 필요하다고 생각한다: "Goodwin reasoned from his own experience, Owen from his critical and devout knowledge of Scripture; (Baxter from the fitness of things. Goodwin and Owen are valuable expositors; but Goodwin well interpreted Scripture by the insight of a renewed heart —Owen, distrusting his own experience, by the patient and prayerful study of words and phrases."(John Goodwin, "A Memoir of Dr Thomas Goodwin," xviii; Paul Blackham, "The Pnematology of Thomas Goddwin" [Ph. D. dissertation, King's College, London University, 1995], 13에서 재인용).

[57] Dale A. Stover, "The Pnematology of John Owen: A Study of the Role of the Holy Spirit in Relation to the Shape of a Theology"(Ph. D. dissertation, McGill University, 1967).; Thomas T. Taylor, "The Spirit of the Awakening: The Pneumatology of New England's Great Awakening in Historical and Theological Context" (Ph. D. dissertation, University of Illinois at Urban-Champaign, 1988), 72–149; Shawn Nichols, "John Owen's Pneumatology: A Homiletical Framework of Illumination for Sermon Preparation" (Ph. D. dissertation, Southwestern Baptist Theological Seminary, 2022); Suzanne McDonald, "The Pneumatology of the 'Lost' Image in John Owen," *Westminster Theological Journal* 71/2 (2009): 323–335; Laurence R. O'Donnell III, "The Holy Spirit's Role in John Owen's 'Covenant of the Mediator' Formulation: A Case Study in Reformed Orthodox Formulations of the Pactum Salutis," *Puritan Reformed Journal* 4/1 (2012): 91–115; Suzanne McDonald, "John Owen's Discourse on the Holy Spirit," in *The Oxford Hanbook of Reformed Theology*, eds. Michael Allen and Scott R. Swain (Oxford: Oxford University Press, 2020): 66–279; Leslie, "Pneumatologia or, A Discourse Concerning the Holy Spirit (1674)," 384–413.

[58] 박대남, "존 오웬의 성령론 연구"(철학박사논문, 총신대학교, 2005); 김홍만, 『존 오웬의 성령론 강의』(서울: 대물림, 2025). 후자는 성령론 평해여서 각주가 거의 없다는 아쉬움이 있고, 또한 성령론 관련 저술 전체에 대한 논의가 아니라는 아쉬움이 있다.

안을 하고자 한다. 우선 이렇게 방대한 대작을 완역하느라고 수고하신 서문 강 목사님께 감사를 드린다. 서문 강 목사님이 신대원에 재학중이던 1976년에 로이드 존스의 『로마서강해1』를 부친의 도움으로 자비 출간한 것을 필두로 하여, 지난 반 세기 동안 100여 권에 이르는 청교도 문헌들을 번역 소개하는 일에 생을 헌신했기에 2025년 5월 15일 총신대학교 신학대학원 양지 캠퍼스 박형룡 박사 기념도서관에서는 서문강 박사 개혁신학 저서 역서 컬렉션 제막식을 가지기도 했다.[59] 지금까지 번역한 100여권의 번역서 중에는 오웬의 『그리스도의 영광』, 『영의 생각 육의 생각』, 『죄죽이기』 등도 포함되어 있는데, 이번에 새언약에서 거보를 내딛은 『성령론』 본문 완역본을 역간하는 일에도 큰 수고를 하셨다. 특히 현대인들에게는 따라잡기 힘든 만연체의 본문을 가독성있게 만들기 위해서, 원문에 없는 소제목들을 일일이 만들어서 독자들의 편의를 도모해 준 것도 독자로서 감사할 일이다. 아울러 상업적으로 전도유망하지 않을 수도 있는 이런 청교도 대작을 번역 출간하기로 결정한 새언약 출판사 대표이자 삼송제일교회 담임목사이신 정대운 목사님의 결단과 지속적인 관심, 1년이 넘도록 본서의 편집 작업에 매진하면서 제2의 산고를 치룬 김균필 목사님의 수고, 또한 자발적으로 교정을 위해 헌신한 삼송제일교회 여러 성도들에게 감사를 드리고, 막대한 번역비를 맡아 준 성도의 헌신도 귀하다고 생각한다. 조나단 에드워즈는 부흥의 역사를 진작시키기 위해 우리 인간이 할 수 있는 일 중에 좋은 양서들을 출판하고 보급하는 일이라고 적시해 준 적이 있는데, 이러한 일을 위해서 재정 후원을 하는 일도 왕의 일(King's Work)을 진작시키는 선한 사업에 동참하는 일이라고 생각한다.[60]

---

59 https://www.kidok.com/news/articleView.html?idxno=501993. 해설의 글을 쓰는 필자가 본 제막식을 준비하는 도서관장의 보직을 수행하였기에 서문 강 목사님의 수고와 기여를 되새겨보는 좋은 기회가 되었다.

60 Jonathan Edwards, *The Great Awakening*, 양낙홍 역, 『부흥론』(서울: 부흥과개혁사, 2005),

사실 본서와 같은 고전의 역간은 기대조차 하기 힘든 일에 속하기에, 마치 상상할 수 없던 귀한 선물을 받은 것과 같은 큰 기쁨을 느끼게 한다. 심지어 어떤 이들은 본서를 손에 들고 환희(歡喜)를 느끼지 않을까 싶다. 일단 두 권으로 된 소위 벽돌책을 보고 위압감을 느껴서 아예 책을 펼쳐 보지 않을 사람들도 있을 것이다. 그러나 오웬의 저술들은 박학다식할 뿐 아니라 경건 함양에 있어서도 유익하기 때문에 한 두권이라도 읽어본 독자들은 기꺼이 이런 방대한 대작 읽기에도 모험을 감행할 것이라고 예상한다. 사실 해설의 글뿐 아니라 오웬 성령론 출간 기념 세미나를 준비하기 위해서 편집 파일을 받아 읽으면서 이미 필자도 경험한 바이지만, 조금씩 천천히 읽어 가다 보면 오웬의 풍성한 학식과 경건한 필치에 감동이 되어 술술 읽혀지는 놀라운 경험을 하게 될 것이라고 생각한다. 다만 한꺼번에 많은 분량을 읽으려고 시도하기 보다는 시간을 정해놓고 한 권씩 읽거나, 아니면 조각 시간을 내어 한 장씩 읽어나가는 것도 좋은 방법이라고 생각한다. 또한 이런 방대한 책은 혼자 읽기 보다는 현장 또는 줌을 활용하는 스터디로 모여서 읽고 토론하는 것도 방법이라고 생각한다. 저자 사후 70년이 지나면 저작권이 소멸되기 때문에, 오웬의 『성령론』 초판 원문을 비롯하여 럿셀 판과 굴드 판 등의 원문을 쉽게 접근할 수도 있기 때문에 원문과 대조하는 것도 도움이 될 것이라고 생각한다. 만약 필자처럼 신학교 교수이자 성령론 과목을 개설하고자 하는 경우라면 본서를 교재로 삼아 한 학기 동안 발제 수업을 진행하거나, 아니면 교수 자신이 요약 강의 형태를 통해서 본서를 강의할 수도 있을 것이라고 생각한다.

제3의 물결이 급진화하여 신사도운동까지 이르면서 영적 상황이 매우 혼란스러운 시대에 오웬의 『성령론』의 출간은 쌍수를 들고 환영할 일이며, 목회자, 신학생 뿐 아니라 진지한 독서를 희망하는 모든 그리스도인

675-678

들이 읽어야 할 고전이자 대작이라는 점을 다시 한 번 강조하고 마치고자 한다. 1986년에 존 스토트의 『그리스도의 십자가』(The Cross of Cross)가 출간되었을 때에 제임스 패커는 다음과 같이 극찬의 말을 아끼지 않았다.

> 이 책은 가히 스토트의 걸작이라 불러도 좋을 것이다... 이 가장 중요한 주제에 대해 다룬 그 어떠한 책도 본서만큼 그렇게 진실되고도 훌륭하게 쓰여진 책은 없다. 당신의 옷을 팔아서라도 이 책을 사라! 지금 당장![61]

패커는 그리스도의 십자가에 대해 추천의 말을 했다면, 동일하게 중요한 주제인 성령론에 대한 존 오웬의 대작에 대해서 그의 말을 패러디해서 권독의 말을 하고 싶을 정도이다. 종이책 시장이 사양길에 접어들었다고 하는 시절에 오웬의 대작들을 출간하기 위해 새언약 출판사가 힘쓰고 있는 것은 청교도 신학 전공자의 한 사람으로서 고무적인 일이다. 당연히 출간되는 책들을 부지런히 구입하는 것이 출판사를 돕는 일이고, 더 중요한 것은 그 책들을 긴 시간을 들여서 수고로이 읽어내는 것이다. 그렇게 힘쓰고 애쓴다면 오웬을 통해서 정리된 개혁주의 신학 사상의 정수를 만끽하게 될 뿐 아니라, 그의 영혼속에 감미롭게 불타올랐고 어떤 거대한 폭풍 속에서도 사라지지 않고 지속되었던 하나님을 향한 사랑과 삼위 하나님의 영원한 사랑이 우리 가슴 속에서도 다시금 불붙는(rekindle) 경험을 할 수도 있을 것이다.

---

61 John Stott, *The Cross of Cross* (Downers Grove: IVP, 1986). 패커의 추천사는 Christianity Today 1987년 4월호에 수록되었던 것이다.

참고문헌

김홍만. 『존 오웬의 성령론 강의』. 서울: 대물림, 2025.

박대남. "존 오웬의 성령론 연구." 철학박사논문, 총신대학교, 2005.

박형룡. 『교의신학- 구원론』. 서울: 은성문화사, 1972.

이상웅. 『조나단 에드워즈의 성령론』. 서울: 솔로몬, 2024.

Aylmer, G. E. *A Short History of Seventeenth-Century England*. 임의환 역. 『청교도혁명에서 명예혁명까지』. 서울: 삼문사, 1986.

Blackham, Paul. "The Pnematology of Thomas Goddwin." Ph. D. Dissertation. King's College in London University, 1995.

Cooper, Tim. *John Owen, Richard Baxter and the Formation of Nonconformity*. Farnham: Ashgate, 2011.

_____. *When Christians Disagree: Lessons from the Fractured Relationship of John Owen and Richard Baxter*. Wheaton: Crossway, 2024.

Edwards, Jonathan. *The Great Awakening*. 양낙흥 역. 『부흥론』. 서울: 부흥과 개혁사, 2005.

Gribben, Crawford, *John Owen and English Puritanism: Experiences of Defeat*. Oxford: Oxford University Press, 2016.

_____. *An introduction to John Owen*. Wheaton: Crossway, 2020; 서학량 역. 『존 오웬의 시대, 존 오웬의 신학』. 군포: 다함, 2025.

Gribben Crawford and John W. Tweeddale Eds. *T&T Clark Handbook of John Owen*. London: T&T Clark, 2024.

Kapic, Kelly M. and Mark Jones Eds. *The Ashgate Research Companion to John Owen's Theology*. London: Routledge, 2012.

Kim Myoung Jin. "John Owen's Doctrine of Sanctification." M. Th. Thesis, University of Glasgow/ Free Church of Scotland College, 2007.

Leslie, Andrew M. "Pneumatologia or, A Discourse Concerning the Holy Spirit (1674)." In *T&T Clark Handbook of John Owen*. Eds.

Crawford Gribben and John W. Tweeddale. London: T&T Clark, 2024: 384–413.

McDonald, Suzanne. "The Pneumatology of the 'Lost' Image in John Owen." *Westminster Theological Journal* 71/2 (2009): 323–335.

_____. "John Owen's Discourse on the Holy Spirit." In *The Oxford Hanbook of Reformed Theology*. Eds. Michael Allen and Scott R. Swain. Oxford: Oxford University Press, 2020: 266–279.

McGraw, Ryan M. *John Owen: Trajectories in Reformed Orthodox Theology*. London: Palgrave Macmillan, 2017.

Millington, Edward. *Bibliotheca Oweniana*. London: distributed at Mr. Nott's, Mr Wilkinson's, Mr. Miller's, Mr. Ponder, Mr. H. Cruttenden and Francis Hicks, 1684.

Nichols, Shawn. "John Owen's Pneumatology: A Homiletical Framework of Illumination for Sermon Preparation." Ph. D. Dissertation, Southwestern Baptist Theological Seminary, 2022.

O'Donnell, Laurence R III. "The Holy Spirit's Role in John Owen's 'Covenant of the Mediator' Formulation: A Case Study in Reformed Orthodox Formulations of the Pactum Salutis." *Puritan Reformed Journal* 4/1 (2012): 91–115.

Owen, John. *Pneumatologia or, A Discourse Concerning the Holy Spirit*. London: Prointed for J. Darby, 1674.

_____. *The Works of John Owen*. 24 Vols. Ed. William H. Goold. Edinburgh: Johnstone & Hunter, 1850–1855.

_____. *Pneumatologia or, a Concerning the Holy Spirit*. Ed. George Burder. Coventry: M. Luckman, 1792.

_____. *The Holy Spirit*. 이근수 역. 『개혁주의 성령론』. 서울: 어수룬, 1988.

_____. *Biblical Theology*. 조계광 역. 『성경신학』. 고양: 언약, 2024.

Schama, Simon. *A History of Britain*. 허구생, 손세호 공역. 『영국사2– 브리튼의 전쟁들』. 파주: 한울, 2023.

Stover, Dale A. "The Pnematology of John Owen: A Study of the Role of the Holy Spirit in Relation to the Shape of a Theology." Ph. D.

Dissertation, McGill University, 1967.

Taylor, Stephen M. "An Assessment of John Owen's Realist Understanding of the Doctrine of Regeneration and Its Continuity with the Reformed and Western Tradition." Ph. D. Dissertation, 2020.

Taylor, Thomas T. "The Spirit of the Awakening: The Pneumatology of New England's Great Awakening in Historical and Theological Context." Ph. D. Dissertation, University of Illinois at Urban−Champaign, 1988.

Thompson, Andrew. "Life of John Owen, D. D." In *The Works of John Owen*. Ed. William H. Goold, 엄경희 역. 『청교도의 황태자 존 오웬』. 서울: 지평서원, 2006.

Toon, Peter. *God's Statesman: the Life and Work of John Owen*. Exeter: Paternoster Press 1971.

Trueman, Carl R. *John Owen Reformed Catholic*, Renaissance Man, Great Theologians Series. *Aldershot: Ashgate*, 2007; 김재모 역, 『존 오웬』. 서울: 부흥과개혁사, 2018.

Tweeddale, John W. *John Owen and Hebrews: The Foundation of Biblical Interpretation*. London: T & T Clark, 2020.

Vose, Godfrey N. "A Profile of a Puritan: John Owen (1616−1683)." Ph. D. Dissertation, The University of Iowa, 1963.

Westcott, Stephen. *By the Bible Alone! John Owen's Puritan Theology for Today's Church*. Fellsmere: Reformation Media & Press, 2010.

02.
존 오웬의 『성령론』
제1권 핵심 요약·평가·적용

서창원 · 총신대학교 신학대학원, 역사신학 은퇴 교수

저자 자신이 친히 밝히고 있는 대로 본서의 주제는 '하나님의 성령과 그 역사'이다. 본서는 본 주제에 대한 이견의 차이가 있든, 혹은 이해하기가 쉽지 않은 주제요 신비로운 면이 많든 성경이 말하고 있는 것을 토대로 성령에 대한 인격적 조명과 그 사역의 실천적 구체성을 드러내고 있다. 특히 성령에 대한 이해는 하나님 자신에 대한 이해만큼 신비롭고 하나님 마음 깊은 곳까지 들어가 봐야 제대로 이해할 수 있는 것이기에 지음 받은 피조물이 가진 이해의 한계가 분명하다. 그만큼 우리가 성부 하나님과 성자 예수님이 친히 증거하신 성령의 존재와 성령께서 임하셔서 두드러지게 활약해 주시는 사역의 실체를 완전하게 알 수 있는 것은 아니다. 그러나 지음 받은 피조물도 완전함에 이르는 길로 인도함을 받을 수 있고 그것을 쟁취하면 나머지 일은 기록된 말씀 안에서 온전한 지식으로 다가올 수 있을 것이라 믿는다. 그러나 이 주제는 '신비롭고 난해한 주제'임은 틀림없다. 저자도 이 점을 충분히 인식하면서 최대한 성경에 충실하게 성령 하나님에 대한 인격과 사역을 풀어내고 있다. 그리고 하나님의 성령과 그 역사를 공개적으로 대적하며 무섭게 구는 세력과 맞서 올바른 이해를 추구함이 이 책의 중요한 목적 중 하나이다.

이 책에서 저자는 '모든 진리의 영원한 원천이신 성령 하나님께서 진리에 대한 계시의 주권적 동인(cause)이시며 주(author)되심에 주목'하게 한다. 그 성령은 계시의 말씀을 떠나서 독단적으로 일하시지 않기에 믿음과 겸손과 기도로 기록된 말씀에 주의하게 하신다. 초자연적인 일, 진리를 깨닫게 하는 일은 타락한 인간의 이성적 판단으로 이루어질 수 없는 일이다. 이는 영에 속한 것은 영으로라야 분별이 가능하기 때문이다. 저자는 참된 영적 지식 전달은 오직 성령으로, '성경을 듣고 배우는 일에 게으르지 않고 열심을 낸다면, 하나님께서 주신 방편을 통해 선과 악을 분별하는데 필요한 연단된 지각을 가질 수 있다'고 말한다. 이 책이 지향하는 바가 이것이다. 따라서 내가 맡은 제1권의 내용은 다음과 같다: 1) 성령과 그의 사역에 관한 일반적인 원리, 2) 성령의 이름과 칭호들, 3) 성령의 신적 특성과 인격에 대한 증명과 변호, 4) 첫 창조 역사에서 나타난 성령의 고유한 사역, 5) 성령의 신적 경륜과 그 방식.

1. 저술 의도

본론을 살펴보기 전에 저자가 독자에게 주는 글을 보면 독자에게 바라는 저자의 의도가 무엇인지를 파악할 수 있다. 이 책을 보면서 저자가 성령론을 '이 땅에서 가장 많은 비난을 받으시는 성령과 그분의 역사'(27쪽)로 규정하고 있듯이 300여 년이 지난 지금에도 크게 벗어나지 않은 교회의 현실이 안타까움을 지울 수 없다. 이미 개혁신학에서 규정한 성령론에 대한 오해와 잘못된 적용은 19세기 말부터 불어닥친 오순절 운동의 여파로 말미암은 것이지만 나는 특히 교회의 수적 성장을 추구하면서 오해와 잘못된 적용이 심화되었다고 생각한다. 그런 와중에 17세기 청교도 신학의 대가인 존 오웬이 쓴 성령론이 번역되어 한국의 교회에 소개되는 것은 단순히 경험론적인 이해에서만이 아니라 성경적이고 교리적인 측면에서 성령 하나님에 대한 올바른 이해와 현실에서 목격하거나 듣는 성령의 역사에 대한 총체적인 그림을 바로 적용할 수 있게 한다는 차원에서 본 세미나는 매우 고무적인 일이라고 생각한다.

먼저 저자는 죄로 인한 본성의 부패를 아는 지식이 전제되어야 거듭나게 하시는 성령의 유효한 작용을 말할 수 있다고 했다. 그러면서 17세기 당시 '죄인들을 죽음에서 생명으로 옮기시고, 죄된 본성의 상태에서 은혜의 상태로 옮기시는 성령의 방법과 방식을 경멸하고 조롱하는 사람들이' 있음을 안타까이 여기면서(29쪽), '은혜의 효능'과 '의무의 본질과 필요성'

을 어떻게 조화시킬지에 대하여(29쪽), 그리고 '성화를 위한 성령의 역사'를 다루는 데 있어 '복음적 성결'의 참된 본질과 예수 그리스도 안에서 새롭게 지으심을 받은 모든 믿는 이들의 영적 생명을 세밀하게 살피는 것이 불가피하기에(31쪽) 본 책을 저술하게 되었음을 말하고 있다. 물론 거듭나지 않은 자연인은 누구라도 성경에 계시된 교리들의 의미와 진리를 이해하고 판단하기 위해 부패한 상태의 이성만 사용(37쪽)하기에, 그런 자들의 성령에 대한 이해는 온전하지 않은 것이며 성경을 정확무오한 하나님의 계시된 말씀임을 믿는 거듭난 자들만이 성령의 신격과 인격 및 작용을 제대로 이해할 수 있음을 피력하고 있다. 그는 '오직 성경만이 하나님께서 우리에게 요구하는 순종의 모든 것의 오직 유일하고 완전한 척도이며…성경대로 하나님의 성령에 관해 가르치는 것'을 가지고 '근거 없이 떠들어대며 악을 행하는 일'을 물리치는 길임을 천명하고 있다(38쪽).

2. 성령과 그 역사에 대한 보편적 이해

그렇다면 저자가 서술하고 있는 제1권의 내용을 조금 더 상세하게 살펴보도록 하자. 제1권은 앞에서 언급한 것처럼 성령과 그 역사에 관한 일반 원리를 다루고 있다. 오웬은 고린도전서 12장과 영적 은사를 언급하면서 성령으로 말미암지 않는 자들은 예수를 저주할 자로 말한다는 구절을 제시한다. 그러면서 오직 성령의 역사로 예수를 믿는 자들을 다음과 같이 규정하고 있다: 예수님을 주님으로 부르며 예수님께서 주 하나님이심을 고백한 사람들이다. 이로써 예수님을 믿는 믿음과 예수님께 대한 순종을 서약한 사람들이며, 예수님께서 만유의 주재이신 영원히 복되신 하나님으로 인정한 사람들이다(49쪽). 문제는 거짓 영에 사로잡힌 자들도 예수가 '주'임을 안다는 사실이다. 따라서 예수님이 우리의 주라는 신앙고백의 진위를 어떻게 파악할 수 있는가? 이에 대해서 오웬이 제시하는 것은 두 가지였다: ① 진실하게 예수님을 주라고 부름, ② 예수를 저주할 자로 말하지 않음.

오웬에 의하면 그리스도를 주라 고백한다는 것은 첫째로 '예수님을 주와 구주로 믿는 믿음'(눅 2:11)의 고백이다. 둘째로 '그리스도 주시다'라는 입술의 고백(롬 10:10)으로서, 이는 '주님에 대한 믿음과 그분께 복종하길 원하는 의지가 드러나는 것'을 내포한다(53쪽)고 했다. 이것이 교회의 기원과 초석이며, 여기에 교회를 세우고 견고히 하기 위해 주어진 모든 은사가 다 성령의 역사로 말미암은 것이다. 왜냐하면 은사들로 말미암아 교회 전체들의 신앙고백이 더욱 견고해지기 때문이다. 그런 측면에서 성경은 '은사는 여러가지나 성령은 같다'(고전 12:4)라고 말하는 것이다. 오웬은 이어서 고린도전서 12:4-11을 강론하며 본 주제를 서술해 간다.

신령한 것을 주시는 주체는 성령이요(4절), 주시며(5절), 하나님이다(6절). 이는 삼위일체 하나님의 역사를 강조하면서도 성령께 주어진 삼중적 지배권을 나타낸다(55쪽)는 것이다. 오웬은 교회를 견고히 세우기 위해 주어진 영적인 모든 은사를 세 가지로 나누어 말한다. 첫째 4절에서 말하는 '은사(χαρίσματα)', 둘째, 5절에서 말하는 '직분(διαχόνιαι)', 셋째는 6절에서 말하는 '사역(ἐνεγήματα)'이다. 그 은사들을 전달하시는 성령 하나님의 '총체적인 목적'을 7절을 가지고 설명하시기를, 그것은 교회를 세우고 다른 지체들의 믿음과 그 고백을 증진시키기 위함이라고 말한다. "모두의 최선의 유익을 위하여 함이라(Πρὸς τὸ δυμφέρον)." 다시 말해 성령은 '교회'의 편의와 쓸모와 유익을 위해 은사들을 허락하신다는 것이다(56쪽): "모든 것이 내게 가하나 다 유익한 것이 아니요 모든 것이 내게 가하나 내가 아무에게든지 제재를 받지 아니하리라"(고전 6:12). "모든 것이 가하나 모든 것이 유익한 것이 아니요 모든 것이 가하나 모든 것이 덕을 세우는 것이 아니니"(고전 10:23), "이 일에 내가 뜻만 보이노니 이것은 너희에게 유익함이라..."(고후 8:10). 이렇게 성령께서 교회의 지체들에게 수여하시는 은사는 9가지이다: 1.지혜의 은사, 2.지식의 은사, 3.믿음의 은사, 4.병고치는 은사, 5.능력 행함의 은사, 6.예언의 은사, 7.영들 분별의 은사, 8.각종 방언을 말하는 은사, 9.각종 방언을 통역하는 은사.

오웬은 이런 은사들의 차이로 말미암아 실질적으로 고린도 교회 안에서 벌어진 현상을 사례로 들어 교회 안에 분열이 있을 수 있다는 것을 지적하고(고전 1:11, 12) 그에 대한 방지책으로 사도 바울이 그 은사들과 직분들의 저자(Author)가 누구시며, 그분께서 은사들과 직분들을 나누어 주실 때 무슨 원칙을 고수하시는지를 분명히 밝혀 주고 있다. "이 모든 일은 같은 한 성령이 행하사 그의 뜻대로 각 사람에게 나누어 주시는 것이니라"(고전 12:11). 즉 이 말씀을 근거로 은사들의 출처와 은사 수여의 진정한 목적을 제시한 것이다.

2.1. 은사들의 수여자이신 성령은 누구신가?

오웬은 본 책을 쓰게 된 동기가 '성령의 위격(Person)과 그분의 뜻과 작용들을 충분히 설명하고 말씀이 역설하고 있는 바, 성령 하나님의 '이름, 본질(nature), 존재', 그리고 예수 그리스도로 말미암은 하나님의 은혜로 사람들에게 교통하시는 '그분의 일 전체'를 다루는 것이라고 하였다 (59쪽). 오웬이 말한 것처럼 죄인들의 구원을 위해 하나님은 아들 예수를 내어주셨고 성령을 부어주셨다. 그것이 하나님의 모든 역사의 궁극적 목표요, 그 일을 통해 '복되신 성삼위일체의 영광'을 드러내신 것이다. 뿐만 아니라 '그 일을 통해 죄인들을 위하여 성부의 뜻을 집행하시되, 죄인들을 위한 은혜와 구원을 확보하시기 위하여 피로써 자신을 낮추신 성자의 영광을 드러내셨고, 성령께서 사람들의 영혼에 성자께서 피로써 확보하신 모든 것을 효과적으로 적용하심으로 사랑과 은혜와 권능을 드러내셨다'(60쪽)고 하였다. 그렇다면 과연 성령의 인격과 역사와 은혜에 관한 교리는 무엇을 말하는 것인가?

1) 성령에 관한 예수님의 약속을 언급한다

"내 이름으로 무엇이든지 내게 구하면 내가 행하리라 너희가 나를 사랑하면 나의 계명을 지키리라 내가 아버지께 구하겠으니 그가 또 다른 보혜사를 너희에게 주사 영원토록 너희와 함께 있게 하리니 그는 진리의 영이라 세상은 능히 그를 받지 못하나니 이는 그를 보지도 못하고 알지도 못함이라 그러나 너희는 그를 아나니 그는 너희와 함께 거하심이요 또 너희 속에 계시겠음이라 내가 너희를 고아와 같이 버려두지 아니하고 너희에게로 오리라"(요 14:14-18). "내가 아직 너희와 함께 있어서 이 말을 너희에게 했거니와 보혜사 곧 아버지께서 내 이름으로 보내실 성령 그가 너희에게 모든 것을 가르치고 내가 너희에게 말한 모든 것을 생각나게 하리라 평안을 너희에게 끼치노니 곧 나의 평안을 너희에게 주노라 내가 너희에게 주는 것은 세상이 주는 것과 같지 아니하니라 너희는 마음에 근심하지도 말고 두려워하지도 말라"(요 14:25-27). "내가 아버지께로부터 너희에게 보낼 보혜사 곧 아버지께로부터 나오시는 진리의 성령이 오실 때에 그가 나를 증언하실 것이요"(요 15:26). 그리고 예수님이 제자들을 떠나가시고 대신 오실 다른 보혜사를 언급하며 그가 하실 일을 다룬 요한복음 16:5-15 말씀을 서술하였다. 이를 언급하신 이유는 예수께서 성령으로 말미암아 제자들과 항상 함께 계신다는 것을 확증하시기 위한 것이다. '이 약속으로 주님은 앞으로 당할 모든 환난을 능히 이기게 할 충분한 위안을 제자들에게 주셨고, 믿음으로 모든 길을 걸어 나가도록 하는 지침서를 주신 것'(64쪽)이라는 뜻이다.

그래서 승천하시기 전에 사도행전 1:4-8에서 그 약속을 재차 천명하신 것이다. 물론 예수님의 제자들은 예수님이 계속해서 그들과 육체적으로 함께 있어 주시기를 간절히 바랐다. 그러나 사도 바울은 더 이상 예수를 육체대로 알지 아니한다고 하면서 성령의 은혜 속에서 예수님을 즐거워하는 것이 보다 큰 특권임을 설명하고 있다(고후 5:16, 65쪽). 예수님의 모든 약속은(요 14:16-17, 17:20, 마 28:19-20, 18:20) 다 성령으로 말미암아 성취되는 일임을 바울은 재차 강조한 것이다. 오웬은 이 모든 것이 성령에 관한 교리와 그 행사에 대해서 연구해야 하는 중요성을 말하고 있다(롬 8:9)고 하였다.

2) 복음 전파와 함께하는 성령의 직무(67쪽)

오웬은 '영의 직분($\Delta\iota\alpha\chi o\nu\acute{\iota}\alpha$ $\tau o\nu$ $\Pi\nu\varepsilon\acute{\nu}\mu\alpha\tau o\varsigma$)'이란, 효력 있는 은사들과 은혜로 사람들에게 역사하시는 성령의 직무를 가리키는 명칭이라고 말한다. 이것이 바로 예수 그리스도의 복음의 영광과 효력을 드러내시는 성령의 역사(67쪽)라는 것이다. 그는 '성령의 역사를 부인하거나, 신약으로부터 성령을 분리하면 복음은 파괴되고 만다. 이는 당연히 하나님의 언약을 배척하는 일이다. 왜냐하면 언약의 말씀과 성령은 언제나 늘 함께하기 때문이다'(사 59:21)라고 하였다(67쪽). 그런 의미에서 오웬은 복음의 직무와 그 일의 전체 효력과 쓰임새가 전적으로 '성령의 직무'에 달려 있다고 한 것이다.

3) 참된 믿음과 성령

① 거룩한 것, 거듭남과 모든 선한 일을 하게 함이 다 성령의 효력 있는 역사로 말미암은 것이다. 반대로 ② 성령 훼방죄가 있다. 이 죄는 '회

개하여 다시 새롭게 하는 은혜를 받지 못하는 죄요, 그래서 인생을 영원한 멸망으로 이끄는 죄'이기에 성령에 대한 올바른 이해는 더없이 중요한 것이다. 마가복음 3:28, 29, 마태복음 12:32에서 언급하고 있는 성령훼방죄는 하나님의 아들을 짓밟고 자기를 거룩하게 한 언약의 피를 부정한 것으로 여기고 은혜의 성령을 욕되게 하는 죄이다(히 10:28-29). 그 죄는 사망에 이르게 하는 죄이기에 죄 사함을 위해서 기도할 수 없는 것이다(요일 5:16). 오웬은 묻는다: '성령께서는 우리의 죄를 사해주시기 위해서 예수 그리스도의 보혈이 지닌 위대한 효력으로 역사하시는 분이신데, 그런 분을 모독하고 멸시하는 악의적인 죄를 짓는다면 우리는 누구로부터 죄 사함을 받고, 누가 우리의 형벌을 면제해줄 수 있다는 말입니까?'(70쪽). 그런 자는 그리스도의 영을 소유할 수 없다(롬 8:8).

성령의 역사를 성경에서 제외하면 무슨 일이 벌어질까? 첫째로, 신약성경의 여러 말씀에서 하나님의 영, 성령과 그 행하시는 역사를 제하면 신약이 목적하고 의도하는 바가 무엇인지 묘연해질 뿐이다(71쪽). 둘째로 교회사 가운데 '성령의 이름과 역사(the name and work of the Spirit)'에 관한 잘못된 가르침 때문에 교회가 번번이 '속임수와 남용'에 빠졌다. 그러므로 성령에 대한 바른 이해와 적용은 교회의 사활이 달린 문제라고 해도 틀리지 않는다. 오웬은 구약시대에 하나님의 성령께서 교회를 위해 허락하신 가장 중요한 은사는 '예언(prophecy)'이었다고 말했다(72쪽). 그래서 예언자들의 인도를 따르는 것이 정당한 것으로 여겼으며 하나님은 하나님의 이름으로 예언하는 그들의 말을 보증함으로써 청중은 그 선지자의 말에 순종함이 요구된 것이다.

그러나 구약시대에도 성령의 감동하심을 가장한 속임수를 남발하는 거짓 선지자들이 있었다. 이들 중에도 두 종류의 거짓 선지자들이 있었으니 하나는 공공연히 다른 신을 섬기는 자들이다: 신 18:20, 왕상 18:26-

29, 고전 10:20, 고후 4:4. 둘째는 거룩하신 성령 하나님의 '이름과 영감'을 운운하되, 거짓된 예언을 한 자들이었다: 렘 28:1-3, 왕상 22:24, 겔 13:1-3, 렘 23:9-23. 그러나 이런 자들에 대한 경고를 날리는 참 선지자도 있었으나 수적으로는 항상 소수에 해당되었다(겔 13:1-3). 특별히 커다란 위험과 파멸에 직면했던 구약시대에는 이렇듯 하나님의 특별한 계시를 받은 자로 자처했던 거짓 선지자들이 넘쳐나던 시대였다. 사탄이 그들을 통하여 백성들에게 허망한 희망을 갖게 했고, 죄를 지어도 안전하다는 의식을 심어준 것이다(77쪽). 계속 죄 가운데 있도록 부추기는 어떤 가르침이든, 그것은 모두 거짓된 영이 부리는 '점쟁이' 역할을 하는 셈이다(렘 23:9-23). 그렇다고 예언의 영을 빙자하여 거짓을 행하는 자들 때문에 성령의 참된 은사가 빛을 잃는 경우는 없고 오히려 그런 자들 때문에 성령의 은사는 더욱 빛나고 영화롭게 되었다.

신약 시대에는 어떠했는가? 복음이 힘 있게 전파된 것은 성령의 도우심 때문이었고 '외적으로 이적과 효력을 동반한 성령의 권능과 역사로 말미암아 그 복음의 효력이 나타났다'(78쪽). 베드로 사도는 '구약성경과 신약시대에 받은 예언이 다 하나님의 성령으로 말미암은 하나님의 계시'임을 밝힌 후에 거짓 선지자들과 거짓 교사들의 출현에 대해 언급하였다: "그러나 백성 가운데 또한 거짓 선지자들이 일어났었나니 이와 같이 너희 중에도 거짓 선생들이 있으리라 그들은 멸망하게 할 이단을 가만히 끌어들여 자기들을 사신 주를 부인하고 임박한 멸망을 스스로 취하는 자들이라"(벧후 2:1). 따라서 요한일서 4:1-3에서 말씀하고 있듯이 무턱대고 모든 영을 다 믿어서는 안 되는 것이다. 한마디로 요즘 신사도운동이나 혹은 영험이 있다는 사람들이 주장하는 것처럼 '성령으로부터 직통으로 계시를 받았다'고 하면서 제시하는 교훈을 받거나 신뢰하지 말라는 것이다. 그런 자들이 주로 쓰는 방식은 '속임수와 간사한 유혹'이다(엡 4:14). 또한 이들은 '사도의 권위와 그 복음의 적확성'을 내세우며 위세를 부리는 자들이다. 성령으로부터 직접 받은 계시를 운운하는 것은 하나님의 성령을 빙자하여 실상 '오류와 거짓말과 속임수의 영'인 마귀의 사주를 받아 움직이는 자들이다(81쪽 참조).

한마디로 '특이한 역사'를 자랑하고 '거짓말과 이적들'로 교묘하게 자기들의 정체를 위장하는 거짓 교사들을 잘 분별해야 한다. 그래서 예수님은 미리 경고하셨다: "거짓 그리스도들과 거짓 선지자들이 일어나 큰 표적과 기사를 보여 할 수만 있으면 택하신 자들도 미혹하리라"(마 24:24). 결론적으로 오웬은 신자들이 영들을 분별할 의무가 있으며 신약시대의 거짓 선지자를 판별하는 방식 두 가지를 제시하였다. ① 성경으로 그들의 교리를 검증(갈 1:8)하고 ② 근본적인 교리에 대한 일관성 있는 확신(요일 4:2, 요이 7, 10, 11)이다. 특히 성령께서 교회에 특이한 은사들의 교통을 허락하신 그때는, 특별한 성령의 은사인 양 가장하는 거짓 선생들이 준동할 기회가 그만큼 많았던 때이기에 교회에 영들을 분별하는 은사까지 허락하여 주신 것이다(고전 12:10). 그러나 오웬이 말하듯이 '하나님은 이후 그 특별한 은사를 중단하셨고, 오늘날 그와 같은 영들을 분별하는 은사를 주지 않으시고, 다만 우리로 오직 말씀에 의존해 그러한 위선자들을 시험하고 분별하도록 하고 계신다'는 말은 매우 적절한 지적이다. 기록된 계시의 말씀인 성경과 그 성경에 준하는 교리적 가르침을 총람하고 있는 역사적 정통성이 확실한 신앙고백서의 교훈을 굳게 붙드는 것이 하나님의 말씀을 혼잡하게 전하는 일들이 비일비재한 현 시대에 더욱 절실한 일이다. 어떤 경우이든 하나님께로부터 직접 영적 계시를 받았다는 자들을 주의해야 한다.

특히 우리는 복음의 사역자들과 그리스도의 제자들에게 '진정한 나타남'을 허락하시는 성령의 탁월하신 역사가 있으면 있을수록, 이런 속임수에 속아 넘어가지 않기 위하여 더욱 세심한 주의가 필요하다. 성령의 은사들과 그러한 은택의 영광이 탁월하게 드러나는 때는, 사탄이 성령의 은사로 가장하여 자기를 들이밀 수 있는 가장 좋은 기회도 되기 때문이라(88쪽)는 오웬의 지적은 깊이 새겨야 할 교훈이다. 오웬은 하나님께서 교회에 성령의 은혜들과 은사들을 더 부어 주실수록, 사탄은 그에 상응하는 부지런함으로 자기의 일을 벌여 나가는 것임을 간파하였다. 한국에 이단들이 많이 일어난 것도 교회의 급성장과 무관하지 않음이 이를 증명한다. 그래서 성경과 건전한 교리적 교훈을 깊이 새기는 것이 사탄의 역사로 말미암는 거짓 속임수와 간사한 유혹에 쉽게 흔들리는 일을 방지할 수 있는 것이다.

4) 성령을 거역하는 영의 역사가 있음을 기억하라

오웬은 이 영을 새로운 영이라고 표현하면서 이 영의 특징에 대해 설명한다. '선하신 하나님의 성령'으로 말미암아 이루실 하나님의 모든 약속을 스스로 이루겠다는 식으로 사람들을 속인다는 것이다(89쪽). 또 어떤 이들은 자기들의 상상력을 부추기는 사탄의 어두운 작용의 소산에 불과하거나, 고작해야 자기들의 본성적인 양심의 빛에 불과한 빛이 자기들 속에 있다고 허황된 주장을 한다는 것이다. 그들은 그 양심의 빛이 모든 것을 할 수 있다고 신뢰하면서 그것에 복종을 강요한다. '따라서 예수 그리스도께 충성하며 사람들의 영혼에 대해 긍휼한 마음을 가져야 할 우리는, 그리스도께서 지정하신 길을 따르며 암 같이 번지는 이러한 악을 미연에 방지하는 일에 있는 힘을 다해야 한다'(90쪽). 어떻게 가능한가? 오웬이 제시하는 방안은 "우리의 싸우는 무기는 육신에 속한 것이 아니요 오직 어떤 견고한 진도 무너뜨리는 하나님의 능력이라 모든 이론을 무너뜨리며 하나님 아는 것을 대적하여 높아진 것을 다 무너뜨리고 모든 생각을 사로잡아 그리스도에게 복종하게 하는 것"(고후 10:4, 5)이었다. 거룩하게 쓰임 받은 사도들을 통해 제시된 주님의 방식은 성령 하나님의 성품과 역사에 대해 성경이 분명하고 온전하게 천명하고 있는 바를 그들에게 제시하는 것이다(91쪽).

문제는 성령에 관한 해롭고 건전치 못한 견해들이 많다는 것이다. 오웬은 성령이 하나님이심과 인격적인 분임을 부인하는 견해들이 세상에서 각축을 벌이고 있다고 하였다(92쪽). 그러나 '어떤 피조물도 범접할 수 없는 빛에 거하시는 하나님을 알기 원한다면, 우리는 정하신 뜻으로 자신을 계시하신 하나님의 말씀과 거기에 기록된 하나님의 행사들에 주목해야 한다'(93쪽)는 오웬의 지적은 옳다. 그래서 오웬은 '성령의 신성(Deity)과 인격성(Personality)을 규명하는 데 있어, 성경에 주어진 증언들을 설명하고 확증하는 변증의 방식'을 택하여 설명한다. 즉 성경은 우리에게 성령의 특성과 역사, 이에 동반되는 여러 일들과 작용에 대해 알려줄 뿐만이 아니라 그분께 대한 우리의 마땅한 의무가 무엇이며, 그분을 거스르는 악이 무엇인지를 알려 준다는 것이다(93쪽). 그에 대한 증거 구절로 골로새서 2:2를 제시하고 있다: "이는 그들로 마음에 위안을 받고 사랑 안에서 연합하여 확실한 이해의 모든 풍성함과 하나님의 비밀인 그리스도를 깨닫게 하려 함이니."

특별히 성령에 대한 신성 모독적인 풍조가 만연되어 있는데 그들은 공공연히 복음을 믿는다고 자랑을 늘어놓지만 정작 자신들에게 성령이 임하시는 것은 바라지 않고 도리어 성령과 그 행하심에 관심을 표명하는 자들을 조롱하고 업신여긴다. 이런 자들을 오웬은 '옛 그리스도인들을 조소하던 이교도들'의 자취를 따르는 자들로 규정한다(94쪽). 물론 성령께서 세상에 당신의 영광을 드러내시기를 기뻐하셨을 때 사람들은 "조롱하여 이르되 그들이 새 술에 취했다"고 말한 것은 사실이다. 그러나 그들은 성령이 무엇인지도 모르는 자들이었고 거듭난 경험이 전혀 없는 자들의 소행이었다. 그런데 그리스도와 복음을 믿는 척하면서 그리스도의 중보의 은택에 참여한 자들이라고 자랑하고 있다고 해도 성령을 모시고 있지 않은 자들이 성령의 참된 역사를 조롱한다. 그런 자들은 구원하시는 성령의 역사에 전혀 동참할 수 없는 자들이요 그리스도의 사람이 아니다 (롬 8:9). 그들은 실질적인 성령과 그의 역사를 경멸하는 자들이다. 그러므로 성령의 역사를 무시하거나 조롱하는 일은 그리스도의 중보 사역의 효력을 적용하는 일을 하시는 성령의 역사를 부정하는 것이며, 성령의 역사가 없이도 말씀 사역이나 예배의 여러 규례들이 하나님에게 영광을 돌릴 수 있고 사람들의 영혼을 유익하게 한다고 말하는 헛소리이다(99쪽 참조). 오웬의 지적은 충격적이다: '사람들은 성령에 의존하지 않은 채 기도하고 성령 없이 설교합니다. 성령의 역사 없이도 하나님께 돌아갈 수 있고, 성령의 인도하심 없이도 자기의 의무를 충분히 수행해 낼 수 있다고 생각합니다. 만약 누군가 그런 일을 바르게 수행하기 위해서는 성령의 도우심이 필요하다고 주장하거나, 선한 일을 위해서는 반드시 성령께서 역사하셔야 한다고 외치면, 그는 즉각 비난의 대상으로 주목받을 상황입니다'(100쪽). 그러면서 그는 초대교회 교부인 시푸리안의 기도문을 각주로 달았다: "성령이시여, 여기 임하셔서 예배를 기다리는 자들의 생각을 하늘로 이끄소서. 우리의 몸과 양심의 성전을 거룩하게 하셔서 주님의 거처에 합하게 하소서. 주 성령님의 행복한 임재를 갈망하는 영혼들로 하여금 주 당신의 거처에 합당한 집이 되게 하소서. 주님의 은밀한 골방과 주님의 안식의 처소를 거룩한 미덕으로 둘러싸시고 그 바닥을 아름답게 칠하소서. 주님의 아름다운 처소를 눈부신 홍옥의 빛으로 감싸시고 각종 찬란한 보석으로 꾸미소서. 모든 거룩한 기름으로 바르시어 향기로운 냄새가

풍기게 하소서. 주 하나님께서 거하시는 처소가 비싼 향유 냄새로 가득하게 하시고, 거기에는 욕심의 요소나 부패의 온상 같은 것은 아무것도 들어오지 못하게 하소서. 우리의 이 기쁨과 주님의 피조물로 영원히 시들지 않는 아름다움과 견고함을 보존하게 하소서"(카르타고의 주교 Cyprian. A.D. 210–258).

또 오웬은 성령에 대한 관심을 개인의 비행으로 여기는 풍조도 지적하였다. 성령과 그 행하심을 인정하는 교회는 '치명적 결함과 배도의 고통을 불러들이는 교회'라고 여긴다는 것이다(102쪽). "모든 사람들이 성부를 공경한 것과 같이 성자를 공경하게 하는 것"이 성부 하나님의 뜻인 것처럼, 성부께서는 동일한 방식으로 성령께서 사람들로부터 공경을 받게 하셨음에도(103쪽) 이것이 다신론과 우상숭배에 빠지게 하는 것으로 오도하는 무리가 있다. 구약의 역사서가 확증하고 있는 바와 같이, 바로 그러한 죄 때문에 이스라엘 백성들이 하나님의 무서운 진노의 심판 아래 놓였던 것이다. 그래서 구약교회 전체가 오랫동안 황폐하게 된 상황에서 하나님은 곧 하나님의 아들이 육체를 입으시고 백성들에게 보내심을 받게 될 때를 예언하셨고 그분을 영접하고 순종하는 것이 이제 그들의 믿음과 순종의 진실을 시험하고 연단하는 주된 방편이 될 것임을 말씀하신 것이다. 그러나 약속대로 '육체로 임하실 하나님의 아들을 영접하는지'의 여부에 모든 것이 판가름 나는 날이 도래하자 구약을 좇는 유대인들 대부분이 하나님을 배도한 불신자들이 되어 하나님을 등지고 결국은 하나님의 백성이 아니었던 것으로 판명이 났다(요 8:24). 그래서 하나님의 아들은 그런 그들을 버리시고 '다른 곳에서' 새로운 교회를 소집하셨고 하나님의 아들인 자신의 이름을 믿는 믿음이라는 새로운 초석 위에 든든한 교회의 기초를 세우시고, 그 교회를 자신의 이름으로 칭하셨다(105쪽): "또 내가 네게 이르노니 너는 베드로라 내가 이 반석 위에 내 교회를 세우리니 음부의 권세가 이기지 못하리라 내가 천국 열쇠를 네게 주리니 네가 땅에서 무엇이든지 매면 하늘에서도 매일 것이요 네가 땅에서 무엇이든지 풀면 하늘에서도 풀리리라 하시고"(마 16:18, 19)

　　이후 교회는 성부와 성자의 이름으로 교회를 위해 일하시는 하나님의 성령을 존경해 왔는데 17세기 당시만이 아니라 오늘날에도 오웬이 던진 질문은 여전히 유효하다: '하나님을 배반하고 떠날 위기에 직면한 오늘날 교회의 상태는 어떠합니까? 그런 교회의 위험성은 언제나 '성령의 인격'을 멸시하고 '성령의 역사'를 거부하는 일로부터 시작됩니다. 이는 '옛적 이스라엘의 우상숭배'나, '유대인들이 성자 예수님을 배척하던 것'과 동일한 죄인 것입니다'(106쪽). 오웬은 이 죄를 방지하려고 성령의 복음적 역사를 허락하셨다고 주장한다. 성령으로 말미암지 않고는 예수 그리스도를 믿거나 순종할 수 없다는 사실, 그리고 성령으로 말미암지 않고는 그리스도 안에서 하나님을 진실로 예배할 수 없다(107쪽). 하나님의 영광과 복음의 존귀함, 교회의 믿음과 순종, 우리 영혼의 영원한 복락과 같은 문제들 모두 성령에 관한 진리와 깊이 연관되어 있다(107쪽). '사람들로 하여금 자신의 죄를 각성케 함으로 경건한 슬픔과 겸비함을 가지도록 하고, 크신 권능으로 사람들을 거듭나게 하여 거룩하게 하고, 믿는 자들에게 은혜와 간구의 영으로 일하시는 성령의 역사를 말하는 교리들이 전파되고 가르쳐진 것입니다'(108쪽).

2.2. 성령의 이름들과 호칭

　　'영(the Spirit)', 또는 '성령(the Holy Spirit, 또는 Holy Ghost)', רוח(루아흐, 히브리

어로 영)와 πνεῦμα(프뉴마, 영) 라는 칭호가 구약과 신약에서 매우 다양하게 사용된다. 오웬은 이를 설명하면서 알렉산드리아의 디디무스(Didymus)의 견해를 소개한다. 루아흐(רוח)와 프뉴마(πνεῦμα)는 '바람이나 영(spirit)'처럼, 활동은 하지만 눈에 보이지 않는 것을 가리킬 때 사용되는 단어이다. 두 명사가 공기의 보이지 않는 움직임(바람)을 1차적으로 나타내는 단어라는 점을 언급한다. 성경의 소리와 말씀의 설교를 '그리스도를 확증하는 천둥의 소리'로 이해하고, 지음받은 영은 예수 그리스도의 인간 영혼이라고 생각한 것이다(118쪽). 구약의 루아흐에 해당하는 πνευμα가 신약에서 사람의 영혼이나 마음의 지성의 활동을 가리키며 사용되었다(123쪽). 이 용어는 성경에서 매우 다양한 의미로 사용되고 있으나 그 뜻은 쉽게 파악이 된다. 왜냐하면 그러한 다양한 경우들 가운데서도 일치되고 있는 '매우 보편적인 개념들'이, 그 단어들을 사용한 저자의 의도와 정황을 보여 주고 있기 때문이다(125쪽). ① 성경은 하나님의 성령의 완전하고 독특한 계시나 선언을 가리키기 위해 그 단어를 사용한다. ② 하나님의 성령과 관련된 요점을 확증하려 할 때 성경은 반드시 '성령의 인격(Person)과 역사들(operations)'을 설명한다. 그런데 성경은 성령께서 그러한 여러 역사 속에서 어떠한 존재로 일하시는지를 나타내려 할 때, 부분으로 전체를 표현하는 환유의 방식을 사용한다. 그래서 성경은 성령을 가리켜 '영(Spirit)'이라는 단어를 사용하는 것이다(125쪽).

1) 성령에 대한 잘못된 이해 두 가지

첫째는 유대인들은 성령을 가리켜 '하나님의 영향력 있는 권능'으로 확언하는 것과 둘째는 이슬람교도들은 성령을 '탁월한 한 천사'로 만들었다는 견해이다.

2) 성령에 대한 명칭

절대적인 의미에서 성령을 '영(Spirit)'으로 표기하기도 하고, 때로는 '성령(Holy Spirit, 또는 Holy Ghost)'으로 표기하기도 하고, 성령을 가리켜 '하나님의 선한 영'으로, 혹은 '진리의 영, 성결의 영'으로, '그리스도의 영, 아들의 영' 등으로 부를 때가 있다. 절대적인 의미에서 '영(Spirit)'은 성령의 인격을 가리키고, 거기에 붙는 수식어들은 성령의 속성이나 다른 인격들과의 관계를 지시한다(126쪽). 여기에서 사용하는 영도 성령의 성품 또는 성령의 본질을 의미한다. 그러나 구약의 루아흐나 신약의 프뉴마가 '바람의 스침이나 효과에 주목하여 성령을 나타내려고 한 것이 아니라는 사실이다. 바람의 실제적인 효력은 성령의 역사를 상징적으로 나타내는 데 효과적일 뿐이다. 요한복음 3장 8절에서 예수님께서는 성령의 역사를 바람의 효력과 유사함을 표현하고 있다. $\pi\nu\varepsilon\nu\mu\alpha$라는 단어로 드러내고자 하는 목적은 성령의 존재 자체, 곧 성령의 실체에 관한 것이다(127쪽).

그러나 '영'은 성삼위 각 위격의 인격에 동일하게 쓰일 수 있는 단어이다. "하나님은 영이시니"라는 말씀은 성삼위의 어느 위격에만 국한된 것이 아니라 추상적으로 성삼위의 각 위격이 공동으로 참여하는 신적 본질을 드러내는 말씀이다. 그러나 그 칭호가 특별히 성령을 가리킬 때는 '성령의 존재에 대한 특별한 방식과 질서'를 선언하는 칭호이다(127쪽). 그런 의미에서 하나님의 영으로 표기한다. 그럼에도 불구하고 성경의 표현들은 그 자체만으로 성령의 본체론적 존재에 속한 것들과 우발적인 속성들을 표현하기에는 불완전하고 충분치 못하다며, 오웬은 유한한 것으로 무한한 것을, 잠깐 있다 없어지는 것으로 영원한 것을 표현한다는 것은 제한적일 수밖에 없다고 하였다. 이러한 이유로, 성경에는 표현 자체와 표현하고자 하는 내용이 완전하게 맞아떨어지지 않는 경우가 무수히 많다고 하였다.

1) 성령을 호흡으로 상징화한 표현

성부와 성자로부터 영원히 발출하시는 성령을 '하나님의 호흡'으로 표현한 것처럼, 우리 구주께서는 제자들에게 숨을 내쉬시는 일을 통해 성령의 선물과 교통을 표현하셨다(128쪽): 요 20:22, 창 2:7, 시 18:15.

2) 성결의 영(시 51:11, 사 63:10-11, 롬 1:4)

성령을 절대적인 하나님으로 높이기 위한 성령의 본질(nature)에 관한 진술이다. 성령께서는 절대적인 하나님이시므로 '거룩하신 분'이시며, '이스라엘의 거룩하신 분(The Holy One of Israel)'이시라고 말한다(131쪽). "여호와여 신 중에 주와 같은 자 누구니이까, 주와 같이 거룩함에 영광스러우며 찬송할 만한 위엄이 있으며 기이한 일을 행하는 자 누구니이까"(출 15:11).

우리를 거듭나게 하시고 거룩하게 하시는 성화의 역사뿐만 아니라, 성령께서 행하시는 모든 역사와 작용이 거룩하므로, 그분을 가리켜 '성령'이라고 부른다(132쪽). 호세아 11:9, 습 3:5. 성령을 가리켜 '거룩하시다'고 하는 것은 그분이 '하나님의 선하신 영'이시기 때문이다. "주는 나의 하나님이시니 나를 가르쳐 주의 뜻을 행하게 하소서 주의 영은 선하시니 공평한 땅에 나를 인도하소서(시 143:10).

3) 하나님의 선하신 영, 그리스도의 영(창 1:2)

성자와의 관계도 동일하게 설명할 수 있는데, 바로 그것을 근거로 성령을 가리켜 '아들의 영'이라고도 한다(갈 4:6, 벧전 1:11, 롬 8:9). 그러므로 '하나님의 영', '그리스도의 영'은 다 같이 성령을 가리킨다. 성령을 가리켜 '그리스도의 영'이라고 일컫는 것은 '그리스도께서 성령을 보내시겠다'고 약속하셨기 때문이다. 그래서 교회를 향하신 그리스도의 일의 효력과 완성을 성령께서 이루신다(행 2:33, 140쪽).

3. 성령의 신적 본질과 인격성

3.1. 하나님의 본질과 존재의 고유성

하나님께서 우리에게 어떠한 분이시며, 하나님께서 우리를 위하여 하신 일이 무엇인가? 그 사실이 즉시 우리로 하여금 하나님을 믿음으로 경배하게 한다. 하나님을 예배하는 모든 거룩한 활동의 원리와 충분한 이유는 하나님께서 스스로 어떠한 분이신지에 있다. 오웬은 '하나님께서는 무한히 영화로우시고, 선하시고, 지혜로우시며, 거룩하시고, 권능이 충만하시고, 의로우시고, 스스로 존재하시며, 스스로 충족하시고 완전하신 존재이십니다. 그분은 생명과 모든 좋은 것의 원천이시요, 그것들의 대의요, 시초(Author)이십니다. 하나님께서 제일의 원인이시며, 마지막 목표이시며, 모든 다른 존재들을 주도하시는 주권적인 주님이십니다. 그리고 다른 모든 존재들의 안식과 모든 충분한 상급이십니다'라고 말했다(148-9쪽). 그는 이어서 '하나님의 성품을 진실로 아는 데서만' 하나님만이 참되고 바른 예배의 대상임을 제대로 발견할 수 있다고 말한다. 이를 모르고 하나님을 예배하거나, 아무것에나 예배하는 것 그 자체가 우상숭배라고 하였다(150쪽).

3.2. 참된 예배와 순종의 원칙과 방도

예배는 하나님 자신의 존재와 탁월하심을 알게 하신 계시의 안내를 받으며, 계시가 규정한 그 규례를 따른 것이어야 한다. 하나님께서는 구별되고 독특한 세 위격(Three Persons)으로 존재하시면서 동시에 무한히 거룩하시고, 분열되지 않는 하나의 본질(One Essence)로 존재하시는 분이시기에 마땅히 그분에게만 경배하고 그에게 순종하는 일은 당연한 것이다. 특히 성령께서는 권능과 지식이 충만한, 지성적인 신격이시다(155쪽). 그러므로 그를 대적하는 악행은 반드시 피해야 한다. 오웬은 성령을 대적하는 악행에 대해서 이렇게 말하고 있다. '성령의 인격성'도 인정하고 '자존하시는 성령의 독특함'도 인정하면서도 '신적 본질'을 다른 위격과 동등하게 가지고 계신 하나님으로는 인정하지 않는 태도이다. 이것은 성령은 유한하게 지음받은 영으로 간주한다. 성령의 인격성을 주장하면서도 성령은 하나님이 아니라고 역설하는 것은 영적인 일에서 사람들이 빠질 수 있는 최악의 광기이다(156쪽). 소시니안들은 '성령은 신적 권능의 효력들'로 전제하면서 성령의 '인격성'은 부인하는 자들이다. 그들은 '하나님의 영, 성령'이라 칭하는 존재는 '신의 성품을 내포하는 하나의 품격'이나 하나님이 이러저러한 뜻을 이루시려고 발하시는 '권능'에 불과하다고 주장한다(157쪽). 오웬은 이것이 성령을 대적하는 악행이라고 규정한다.

그러나 오웬은 성령에 대한 여러 유추를 통해서 안다고 단정하는 것이 아니라 성경이 성령께 속한 것들로 일관되게 가리키는 대의를 따라 성령께서 인격적인 하나님이심을 확증하고자 했다. 성령이 인격적인 하나님 되심을 부인하는 자들에 대하여 반박하면서 성령의 하나님 되심을 성경을 가지고 논리적으로 증명하고 있다. 성령의 역사를 가리켜 '성령이 부어진다, 흘러넘친다, 기름부음이 있다'는 식의 표현들은 성경 안에서 말씀하시는 하나님의 영이신 성령께서 백성들 중에 어떤 일을 '효력 있게' 하심을 가리키는 말이다. 오웬은 이렇게 말한다:

'성령께서 모든 것들을 분별하시고 판단하십니다. 그리고 낙심한 자들을 위로하시고, 연약한 자들에게 힘을 더하여 주십니다. 그리고 죄를 짓는 자들로 인하여 근심하시며 노하십니다. 그리고 이 모든 일들과 동일한 본질을 가진 다른 일들도 주장하시며 섭리하십니다. 그 모든 일을 '성령 자신의 뜻'을 따라서 행하십니다. 이렇듯 성령께서 당신의 뜻대로 우리를 인도하십니다. 그래서 우리가 하나님을 위해 어떻게 할 것인지를 인도하십니다. 그렇게 하셔서 성령께서는 우리로 하여금 성부 하나님을 기쁘게 해드리게 하십니다. 그리고 성령께서는 우리를 위해 하나님께서 하시는 위대한 일들에 대하여 말씀해 주십니다. 그런 성령의 역사에 입각하여 우리의 구원과 순종을 강조하는 것입니다'(162쪽).

3.3. 성령의 하나님 되심을 증거하는 것들

1) 하나님의 언약에 따른 논거(마 28:19)

오웬은 이렇게 말했다. '예수님은 성부와 아들에 더하여 성령을 가리키시며, 우리 믿음과 순종에 관한 모든 면에서 성부와 아들과 동일하게 성령께서도 우리와 관계되어 있음을 지적하십니다. 그러므로 아버지와 아들이 하나님이신 것 같이 성령께서도 하나님이십니다'(164쪽). '아버지와 아들'의 명칭은 성부와 성자 둘 모두에게 해당하지 않으나 '하나님'이란 명칭은 성부와 성자 모두에게 해당한다. 그 '하나님'이란 명사는 성부와 성자와 성령 모두에게 해당하며, 각 위격에 공통으로 주어지는 명사이다. 따라서 성부와 성자와 성령은 '하나님'의 명칭을 사용하는 의미에서는 구별되지 않는 것이다(165쪽).

사도행전 20:32에서는 성부와 성자와 성령, 성삼위 위격들 전체가 신적 본질과 권위에 있어서 하나로 역사하심을 나타내기 위하여 '주와 그 은혜의 말씀'으로 표현하였다. 이는 결국 성령의 역사를 가리키는 것이다.

2) '세례를 받다'라는 표현

'그의 이름 안으로(εἰς τὸ ὄνομα) 세례를 받다'라는 표현 역시 성령이 하나님이심을 증거하는 것이다. ① 첫째는 우리가 하나님께 예배하는 것과 믿음과 순종 전체에서 아버지와 아들과 성령을 의존하고 있다는 것이다. 아버지와 아들과 성령의 이름 안으로 세례를 받았기 때문에, 우리는 거룩하게 아버지와 아들과 성령을 섬기고 예배하겠다는 서약을 한 셈이라는 것이다. ② 우리가 성부와 성자와 동등하게 '성령의 이름으로 세례를 받았다'는 말을 듣는다는 것이다. 이를 통해 분명하게 성부와 성자와 성령을 우리 믿음과 경배의 대상으로 제시하고 있으며 또한 그것으로 우리의 현재의 신앙과 장래 소망에 합당한 참여를 제안하고 있다.

3) 성령의 인격성을 보여주는 가시적 표현

① 비둘기(눅 3:22, 마 3:16, 요 1:32) – 성령 강림의 방식, 즉 비둘기가 내려앉듯이 성령께서 그렇게 강림하셨다는 의미이다. '성령께서 비둘기 모양을 취하셔서 친히 당신 자신을 '눈에 보이게' 나타나셨다는 말이다. 하나님의 약속대로 성령께서 메시야 위에 임하심을 눈에 보이는 표지로 나타내신 것이다'(169쪽). 이는 하나님의 나타내심을 보이는 '비둘기' 자체가 아니라 '비둘기 모양'이었다. '비둘기 형체의 모양으로' 성령께서 예수님 위에 임하신 것이다. 오웬은 '비둘기가 천성적으로 주 예수님 위에 임하신 성령을 나타내기에 알맞은 성질을 가지고 있습니다. 비둘기의 성질과 그 생태는 우리로 하여금 정결함과 남에게 해를 끼치지 않는 무죄성을 생

각나게 합니다'(마 10:16)라고 말했다. '비둘기의 눈의 예민성'이 사물을 빠르게 식별하는 것을 나타내기에 아주 알맞기에 그리스도에게 성령이 비둘기 모양으로 임하셨다는 것은 그리스도께서 빠르게 선악을 분별하시는 총명을 가지셨음을 상기시켜준다는 것이다(사 11:2-4, 아 1:15, 4:1).

② 무형의 불같은 성질을 가진 성령(창 4:4, 레 9:24, 10:1-2, 대하 7:1, 왕상 18:38-39). 오웬은 이상의 구절들을 통해서 '하나님께서는 이 모든 일을 통하여 제사를 드리는 자들의 마음이 성령으로 불타는 믿음이 없이는 그 어떤 제물도 받지 않으셨음을 보여주신 것입니다. 바로 제단 위의 모든 제물들을 사르던 바로 그 불은 성령을 상징했던 것'(173-4쪽)으로 해석하고 있다.

③ 성령을 몸의 어떤 부분이 불붙어 있는 모양(행 2:3)은 가시적으로 보이는 표지였다. '불의 혀'는 성령께서 사도들에게 복음을 반포하도록 지혜와 말의 힘과 함께 여러 방언으로 말하는 은사를 주시어 도우실 것을 상징한다는 것이다. 이를 그리스도께서 성령과 불로 세례를 베푸시는 분으로 묘사한 이유로 말한다(마 3:11): 소멸하시는 불(히 12:29, 신 4:24, 사 6:6-7)에서 보는 현상이 그렇다. 특히 이사야는 '제단에서 불이 붙어 있는 숯 한 조각'으로 상징된 성령의 역사와 그 은혜를 상징적으로 나타내었다. 그 '불붙어 있는 숯 한 조각'을 이사야 선지자의 입술에 닿았을 때, 그의 죄와 그 더러움이 모두 사라졌다. 이것이 바로 성령의 역사이다(고전 6:11, 딛 3:5-7). 이 불은 또한 심판과 소멸의 영(사 4:4-5, 말 3:2)을 말한다. 모두 죄의 더러움을 정결하게 하는 것을 연상하게 하는 '불과 물'로 성령의 역사를 상징하고 있다.

성령의 역사를 이렇게 물리적인 모양의 상징어로 표현하고 있는 이유가 무엇인가? 오웬은 성령께서 본질적인 신적 본체를 가지신 하나님이시라는 사실을 말하는 것이요 만일 그런 상징적 나타남을 보고 우리가 성령께서 인격적 하나님은 아니고 그저 '하나님의 능력이나 영향력과 효력'에 불과하다고 결론을 내리면 크게 오해하는 것임을 지적하고 있다(176쪽). 그러면서 그는 제기되는 반론을 말한다: 만일 성령께서 '생존하시는 실체'라면 구약의 천사들처럼 왜 인격체인 사람으로 나타내시지 않으셨는가? 이에 대한 오웬의 반박적 답변은 이러하다: '성령께서 친히 자신을 사람에게 선하게 보이는 형용으로 나타내신 것입니다. 우리가 앞에서 천명한 것과 같이, 성령께서는 우리를 가르치실 의도로 "불의 모양, 비둘기의 모양"으로 자신을 드러내시기도 하셨습니다. 구약시대에 하나님께서는 인간 형체로만 나타나신 것이 아닙니다. 때로는 "불붙은 가시떨기 안에서" 자신을 나타내기도 하셨습니다'(176-7쪽, 출 3:3-5). 더구나 구약에서 천사로 나타나신 경우는 대부분이 성자 예수님의 현현이었다. 성육신의 전조로서 사람의 육신으로 나타나신 것이다. 그러나 성령은 그런 식으로 자신을 나타내신 적이 없다.

3.4. 성령의 인격적인 소양들

1) 지혜와 총명(이해력)을 가지신 성령(고전 2:10-12)

성령을 가리켜 '아시기 때문에 통달하시는' 분으로 묘사한다는 것이다. 성령께서는 '하나님의 깊은 것들(τὰ βάθη του Θεου), 하나님의 뜻과 은혜의 비밀들'을 다 통달하신다. 성령께서 무한한 총명을 갖지 않으셨다면 그런 일을 하실 수 없으시다(사 40:28, 시 147). 성령께서는 '하나님의 깊은 것들을 알고, 또는 살피고' 계신다. 그러므로 사도들과 신약성경의 저자들에게 계시를 주신 분이 이 성령이다. 그래서 사도들과 성경 저자들은 구약시대의 선지자들과 같은 방식으로 '성령의 감동을 따라 행동'했다(벧후 1:21, 179쪽 참조). 성경의 저자들에게 성령께서 감동하심으로 말씀하신 것은 성령의 조명이 아닌 성령의 계시를 말하는 것이다. 성령께서는 "모든 것들, 곧 하나님의 깊은 것들을" 다 아시기에 계시하실 수 있으신 것이다. 하나님의 깊은 것들은 모든 피조물들에게는 숨겨져 있어도 성령께서는 그 모든 것들을 알고 계신다. 성령께서 친히 하나님이 아니시라면 불가능한 것이다(사 40:13, 고전 2:11). 토마스 굿윈은 말한다: "'하나님의 것들을 통달한다'는 표현을 성령께 직접 적용할 수는 없다. 오히려 성령께서 우리로 하여금 하나님의 깊은 것들을 살피게 하는 능력을 주시는 것을 사도가 표현한 것으로 보아야 한다. 우리가 '하나님께 속한 것들을 살피는 것'은 불완전하기 때문이다. 우리가 어느 것을 알려 해도 반드시 방편을 통해야 한다"(180–181쪽). "여호와의 신, 지혜와 총명의 신이요 모략과 재능의 신이요, 지식과 여호와를 경외하는 신이 그 위에 강림하시리니"(사 11:2)라는 말씀만이 아니라 총명을 주시는 성령님을 말하는 성경의 여러 말씀들(딤전 4:1, 벧전 1:11, 벧후 1:21)을 통하여 성령께서 곧 인격적인 하나님이심을 확증할 수 있다.

2) 의지를 가지신 성령

성경은 성령께서 '의지(뜻)'를 가진 분으로 말한다. 지성적인 의지를 가진 존재는 인격적인 존재이다(182쪽). 이해와 선택을 겸비한 의지는 외적 행동들의 원리와 원인이다. 성경은 성령께서 바로 그런 의지를 주장하시는 분으로 진술한다: "이 모든 일은 같은 한 성령이 행하사 그의 뜻대로 각 사람에게 나누어 주시는 것이니라"(고전 12:11). 고린도전서 12:4–6, 8–9, "이 모든 일은 같은 한 성령이 행하사 '그의 뜻대로' 각 사람에게 나누어 주시는 것이니라"(10절). 자발적인 선택권을 가지고 행하시는 지성적인 인격에 대하여 이보다 더 충분하고 분명하게 말할 수 있는 것이 무엇이겠는가? '모든 영적인 은사들을 당신 자신의 무한히 지혜롭고 거룩한 주권에 따라서 각 사람에게 나눠 주시는 성령께서는 영원히 찬미를 받으실 만유의 주 하나님이시다'(184쪽).

3) 권능을 소유하신 성령

인격을 가진 존재는 자기의 총명과 자기 의지의 결심을 따라서 행동할 수 있는 권능을 가지고 있다. 이는 적당한 때와 장소에서 자기가 의도하는 바를 효력 있게 실행하는 것을 의미한다. 예를 들어 말씀의 권능을 보자(약 1:21, 행 20:32, 롬 1:16). 그러므로 신적 권능이 절대적으로 누군가에게 돌려지고, 그가 총명으로 정한 뜻을 이루기 위하여 바로 그 권능을 행사한다고 드러난다면, 의심할 여지 없이 그는 '인격적인 하나님'이심에 틀림없는 것이다. 바로 그런 분이 성령이라고 우리가 말할 때, 우리는 그분이 친히 신적 총명을 가져 권능을 행사하시는 분임을 더없이 분명하게 천명하는 것이다. "하나님의 신이 나를 지으셨고 전능자의 기운이 나를 살리시느니라"(욥 33:4). 성령께서 흙으로 몸을 만든 신적 행위와 생기를 불어넣는 신적 행위, 즉 같은 '영'께서 이성이 있는 영혼을 주입하시는 특이한 일을 수행하셨다는 말이다. 하나님께서 자신의 영으로 말미암아 사람 안에 생명의 원리가 효력 있게 작용하게 하셨다는 의미이다(186쪽, 사 11:2, 미 2:7, 3:8, 엡 3:16).

4) 성령의 신적 인격성을 보여주는 성질(188쪽)

① 가르치신다(눅 12:12, 요 14:26, 요일 2:27). 성령께서는 교회의 위대한 스승이시며, 교회를 향한 위대한 약속이 바로 그분을 통하여 성취된다(요 6:45). 아버지께서 성령을 보내실 것이며, 그분은 오셔서 그 믿는 자들을 가르치고 인도하고 그리스도의 말씀을 생각나게 하실 것이다(192쪽, 요 14:26, 15:26). 이와 같이 '성령께서 동일한 성질과 중요성을 가진 다른 것

들을 말씀하시고, 인도하시고, 가르치시고, 그리스도의 것을 가지고 제자들에게 보여 주신다'고 한 것이다(요 14:26; 16:13, 14).

② 주의 일꾼을 따로 세우신다(행 13:2,4, 20:28). 첫째, 성령께서 시키시는 일을 위하여 바나바와 사울을 따로 세우실 뜻을 밝히심으로써 자신이 인격이심을 드러내고 있다. 둘째로, 사도행전 13장 2절의 "바나바와 사울을 따로 세우라"는 표현은 "내가 불러 시키는 일을 위하여"라는 말씀을 그런 식으로 적용하는 것이 옳음을 확증한다. 여기서 '내가'는 분명히 성령이시다. 사람들을 불러서 일을 시키는, 거침없는 권위와 결정권과 지혜를 가지신 자의 행사이다. 그런 일들은 아무도 못 하고 오직 인격적인 하나님만 하신다(195쪽).

③ 하나님의 영이신 성령께서도 근심하시고 화를 내시는 분으로 표현되기도 한다. 그러나 이런 표현은 비유적인 표현이다. 이런 표현은 하나님을 인간의 인격 작용에 빗대어 표현한 것인데, 하나님께서 죄에 대하여 반응을 보이시는 인격이 아니시면 그런 식의 표현이 있을 수 없다(199쪽). 만일 성령께서 하나님의 덕이나 권능에 불과하면, 예수 그리스도께서 행하신 모든 일 속에 성령께서 계시다는 말이 합당하지 못하며, 그리스도와 그 권능을 거역하는 것에 대하여 말한다는 것도 의미가 없다. 그리스도께서는 자신과 그 권능을 하나로 표현하고 있기 때문이다(201쪽). 성경 많은 곳에서 성령께서는 '스스로 자존하시고 자족하시는 신적 인격'으로서 '성부와 성자와 동등한 신성(divine nature)'을 가지신 하나님으로 드러났다.

5) 성령의 신성을 증언하는 근거

① 성령을 가리켜 '하나님'으로 지칭하는 경우: '하나님'이란 명칭을 성령께 직접 쓰면서 하나님께만 고유한 영적인 것들에 대하여 말하는 성경 대목들이 있다(행 5:3-4). 레위기 26:11-12은 고린도후서 6:16에서 성취

됨을 보여준다. 고린도전서 3:16은 우리가운데 거하시는 분은 성령 하나님임을 말씀한다.

② 성령께서 '신적 속성들(divine properties)'을 영원히 보유하신 것을 드러내는 근거들(히 9:14, 시 139:7, 미 2:7, 사 40:28, 롬 15:19, 행 1:16, 고전 2:10-11, 사도행전 13:2, 4과 20:28)은 성령께서 교회를 주관하시는 '주권적 권위'를 말한다. 성령께서 하시는 것으로 지목되는 신적인 역사들이 동일한 의도로 동일한 진리를 변증하는 곳에서 언급되고 있다(205쪽).

③ 성령의 자존성(요한계시록 1:4-5). 성령을 하나님의 보좌 앞에 있는 '일곱 영들'이란 이름으로 칭하는 것은 교회 안에서 교회를 향하여 여러 완전한 역사를 이루시는 분이기 때문이다(206쪽). 성령님은 성삼위의 자존적인 순서와 경륜적 질서에 있어서 제3위격이시기에 성령의 자존성에 대하여 말하자면, 성령께서 '성부와 성자로부터 발출하시는 분'이시다. 그리고 선언된 대로 성령께서는 동일하게 성부의 영이시자, 성자의 영이시다. 이는 성삼위 각 위격 사이의 변할 수 없는 '본질적 질서'를 구성한다. 성령의 역사도 이 질서에 따른 것이다. 성령의 일하심이 성령의 자존성의 질서를 따른 것이다. 그래서 성부께서 성령을 보내신다고도 하고 성자께서도 성령을 보내신다고도 하는 것이다(요 14:16, 26; 16:7, 207쪽). 성령은 성부와 성자로부터 나오시기에 그러므로 성령께서 즉각적으로 이루시는 모든 일은 다 보내심을 받아 행하시는 일들이다. 그러면서도 성령께서는 그 행하시는 모든 일에서 자신의 뜻을 자발적인 원리로 삼으시는 것이다.

4. 옛 창조에서 나타난 성령의 고유한 역사

모든 창조의 일은 다 성삼위 하나님의 일인 신적 역사이다. 오웬은 '하나님의 일 전체가 다 성부께서 하시는 일이라고 말해도 되고, 성자가 하시는 일, 성령이 하시는 일이라고 해도 문제가 없다'(209쪽)라고 말했다. 이는 삼위의 각 위격마다 다 신적 본체(divine essence)가 동일하다는 진실에서 비롯된 것이다. 그러나 성삼위의 각 위격마다 자존의 방식이 구분되며, 서로 관계되며, 삼위 간에 질서가 있음을 잊지 말아야 한다. 하나님의 일들이 그런 식으로 독특하게 성삼위의 각 위격에 돌려지는 이유는 이러하다. 즉 각 위격마다 신적 본질의 한 작용 안에서 그 자존성의 질서를 따라 동일한 일을 하시기 때문이다. 각 위격이 다른 위격을 수단으로 삼거나 다른 위격에 고용되는 것이 아니라, 동일한 권위와 지혜와 사랑과 권능의 원리로 일하시는 것이다(210쪽).

'자연 만물을 창조하신 일(opera naturae)', 곧 옛 창조는 성부께서 하신 것으로 되어 있다. 은혜로 말미암아 인류를 회복하시는 모든 신적 작용, 곧 '자기 피로 사시어 확보된 은혜의 일들(opera gratiae procuratae)'은 다 성자께서 하신 것으로 되어 있다. 그리고 '그 은혜를 적용하는 일(opera gratiae applicatcae)'은 성령께서 하신 일로 되어 있다. 즉 그리스도의 확보된 은혜가 우리에게 효력을 발하도록 적용하시는 일을 성령께서 하신다는 사실이다. 다시 말하면, 신적 작용의 시작은 신성 자체의 근원이신 성부이지만(롬 11:26), 만물을 보존하고 붙드시는 일은 성자의 일이며(골 1:17, 히 1:3), 그리고 성령께서 이 모든 일의 완성과 마침을 담당하신다는 것이다(212쪽).

오웬은 이어서 이렇게 설명한다. '이렇게 말하는 것은 어느 한 위격이 다른 위격의 일을 이어받아 일하신다는 말이 아닙니다. 마치 어느 한 위격이 일하실 때 다른 위격이 가만히 계시거나, 다른 위격에 일을 넘기고 나면 그 위격은 가만히 쉬고 계신다는 말은 아닙니다. 하나님의 모든 일마다 서로 떨어져 분리되거나 나뉘지 않고 다 성삼위일체 전체의 일이기 때문입니다. 다만 외적으로 하나님께 속한 신적인 행사들에 각 위격의 행사와 그 질서가 보인다는 말입니다(212쪽).

4.1. 성경에 계시된 성령의 고유한 행사들

1) 자연만물에 대한 하나님의 일

하늘과 땅의 '군대'를 가지고 무엇을 이루거나 완성하는 일이 하나님의 성령의 독특한 일이다. 그렇게 해서 창조의 일이 완성되었다. 먼저 하늘을 위한 창조의 일의 완성이 있었다(216쪽). 그러므로 욥기 26:13의 말씀은 "성령께서 우리가 보기에 아름다움과 조화와 질서가 나타나도록 하늘의 얼굴을 꾸몄다"는 것이다.

① 수면 위에서 운행하시는 성령. 창세기 1:2은 '땅과 그 대군'에 대한 하나님의 성령의 일을 가리킨다. 전체 재료가 창조됨으로 인하여 거기서 생물체들이 나온 것이다. 이 전체를 소중히 여기고 보호하는 일을 성령께서 하신다. 피조세계 전체가 하나님 말씀의 권능으로 견지되듯이, 피조세계 전체의 질서와 아름다움과 온전함을 기할 계획이 세워져 있었고 그 목적을 위하여 성령께서 피조세계에 생기를 부여하고 열매 맺게 하고 동물의 생명의 씨앗들을 그 종류대로 존재하게 하시는 일을 하셨다(220쪽).

② 섭리의 과정에서 일하시는 성령(시 104:30). 모든 종류의 피조물이 계속 후패하고 죽는 오직 유일한 이유는, 그것들 모두를 계속 붙들고 보존하는 직무를 감당하시는 성령께서 그들의 자리를 메우도록 권능으로 피조물들을 새롭게 공급하시기 때문이다(222쪽). 모든 피조물을 보호하는

보모 역할을 하는 땅 자체도 하나님의 영께서 그 땅이 다시 영향력을 행사하게 하셔서 새롭게 하시고, 땅이 그 종류대로 열매를 내게 모든 것을 새롭게 하시기 때문이다.

③ 사람 창조에서 성령의 일(창 2:7). a. 사람의 형질을 이루고 있는 '재료(matter).' b. 그 형질에 첨가된 '살리는 원리(quickening principle).' c. 그 요소들이 '결합하고 연합하여 내는 효력(effect of their conjunction and union)'이다 성령의 일이다. "그 코에 불어넣으시니." 이것은 하나님께서 '생명의 영'을 전달하심을 표현한 것이다. '하나님의 영'과 '하나님의 불어넣으심'은 같은 것을 가리키는데, '하나님의 영'이란 표현은 그 존재를 그대로 지칭한 것이고, '하나님의 불어 넣으심'은 비유적인 표현이다. 그러므로 이 '불어 넣으심'은 하나님의 성령의 특별한 작용이다(227쪽). 인간 본성의 본질적인 두 부분, 곧 몸과 영혼의 창조와 생성도 다 성령께서 하신 것이다. 하나님의 성령과 하나님의 호흡은 같은 것이다(욥 33:4).

사람의 도덕적 상태와 조건을 보라. 첫째는 하나님의 마음과 뜻을 분별하는 능력, 둘째는 자원하는 마음을 주심. 셋째는 '자기 마음의 생각(mind)과 의지(will)'를 세우되, '기꺼이 하고자 하는 정서'와 조화를 이루게 하는 것. 이 모든 것들이 다 성령의 직접적인 역사의 고유한 효력들이었다(228쪽).

2) 구원의 은혜에 대한 하나님의 일

복음 안에서 처음 창조 때의 일을 회복하신다. 성부께서는 우리를 구원하시는 새 창조의 일을 주도하시고, 기획하시고, 만물을 그리스도께 복종하게 하신다(엡 1:10, 229쪽). 성자께서 만물이 새롭게 조화를 이루어 견고한 질서를 가지게 하셨다. 성령께서도 우리 안에서 하나님의 형상을 새롭게 하신다. 피조물들이 번성하고 세대를 따라 이어지고, 해마다 지면이 새롭게 단장된다. 바로 그 일들이 성령께서 하시는 일이다. "만군의 여호와께서 말씀하시되 이는 힘으로 되지 아니하며 능력으로 되지 아니하고 오직 나의 영으로 되느니라"(슥 4:6). 이 말씀은 "너희는 이런 일이 군대나 큰 세력이 아니면 무슨 수로 일어나겠는지 감히 상상되지 않을 것이다. 너희는 그런 일을 위하여 정말 턱도 없이 부족하니 말이다. 그러나 나는 큰 세력으로 그런 일을 이루겠다는 것이 아니다. 내 영이 너희 백성들의 마음과 생각과 궁리 속에서 역사할 것이다. 그리하여 너희가 두려워하는 것과는 정말 반대로 지금 중단하고 있는 일을 진척해 나갈 것이다. 성령께서 다른 이들의 마음과 모략 속에서 역사하셔서 너희 일을 방해하던 자들을 꽁꽁 묶어 놓을 것이다. 그래서 결국 너희 대적들이 멸망할 것이고, 그래서 큰 산이 옮겨질 것이다"(233-4쪽)라는 의미이다.

5. 성령의 신적 경륜과 그 방식에 대하여

'새 창조에서 하나님의 성령의 역할', 특히 '하나님의 교회의 터를 닦고, 교회를 세우고, 교회를 완전하게 하시는' 일에 있어서 성령의 역할, 여기서 성령의 역할은 하나님의 영광을 나타내는 것을 제일의 목적으로 삼는 것을 주로 살펴보고자 한다.

5.1. 성부와 성령의 관계

1) 성부께서 성령을 주시거나 부여하신다(to give or bestow)

눅 11:13, 요 3:34, 요일 3:24, 요 14:16,26. 성부 하나님의 이 행위에 부합하게 성령을 부여받은 자들에 대하여 "그들이 성령을 받는다"라고 표현한다(요 7:39, 고전 2:12, 고후 11:4, 갈 3:22, 행 8:15, 요 20:21). 성령을 받는 우리에게는 특권과 은택을 나타낸다(240쪽).

2) 성부께서 성령을 보내신다(to send).

3) 성부께서 성령을 공급하신다(to minister).

4) 성부께서 성령을 부어 주신다(to pour him out). 256쪽 이하 설명

성부에게서 '성령이 나오심'의 은유적 개념으로 계속 생수를 솟구쳐내는 모습을 연상하게도 한다. 그리고 '성령의 교통'은 그런 생수의 물이 우리 안에 계속 흘러넘치게끔 하는 것을 연상하게 한다(256쪽). 이 표현의 중요성(257쪽)은 두 가지로 설명한다: ① 그 단어가 쓰일 때는 언제나 '신약의 복음 시대'를 겨냥하고 있다. 신약시대를 언급할 때마다 그 말은 복음의 시대와 상태와 은혜를 가리킨다(골 1:18). ② '부어 주신다'는 말속에 일종의 '은근한' 비교가 함축되어 있다. 구약시대보다 신약시대 이후에는 '더 큰 분량'으로 성령을 부어 주시려는 하나님의 의도가 그 말속에 들어 있다. 그러므로 하나님께서 동일한 성령의 은사를 여러 다른 방식으로 나타내실 의향을 그 말로 드러내신 것이다(258쪽).

5.2. 하나님의 관대하심과 성령의 은사들과 은혜들을 부어 주시는 세 요점

1) '부어 주심'은 완전 충분하신 분으로부터 나오는 관대함을 표현한 것이다(욥 36:27, 시 65:10)

특히 시편 65:11-13은 성부께서 위로부터 성령을 부어 주시는 것을 풍유적으로 말하는 구절이다. 디도서 3:6은 '성령의 새롭게 하시는 은혜'를 하나님께 회심한 모든 믿는 자들에게 풍성하게 부어 주심을 나타내고 있

다. 오웬은 여기서 사도가 당시 풍성한 방식으로 주셨던 성령의 특이한 은사들에 대하여 강론한 것이 아니라 오히려 성령의 은혜로 말미암아 믿는 모든 이들이 거듭나 새롭게 하심을 입고 하나님께 돌이켰음을 말하고 있다는 것이다(259쪽).

2) 이 '부어 주심'은 '성령의 인격 자체'를 부어 주신다는 것이 아니라 '성령의 은사들과 은혜들'을 부어 주시는 것을 가리킨다.

3) '성령을 부어 주신다'는 표현에는 그 대상들 속의 '성령의 특별한 여러 일들'이 함축되어 있다면서 오웬은 정결, 거룩, 위로 유쾌하게 하심으로 설명하고 있다(260-261쪽).

5.3. 성부께서 성령의 일에 적용하시는 방식

1) 발출하여 나아오시다(proceed): 262쪽

성령께서 성부로부터 나오신다. 같은 방식으로 성자에게서 나오신다(요 15:26). 그래서 성령의 나오심은 이중적이다. 하나는 '성령의 본질적인 국면, 또는 성령의 인격성'의 차원이다. 즉 '성령의 나오심'은 신성으로부터의 분리를 암시하는 것이 아니라 오직 성삼위 각 위격의 자존성의 구분을 표현하는 것이다(263쪽). 성령께서는 성부와 성자의 영원한 발출(procession)로 말미암아 성부와 성자께 하나로 속한다.

또 하나는 성령의 경륜적 차원의 나오심이다. 그 말은 성령께서 자신의 일을 자발적으로 행하심을 표현하는 것이다. 성령을 가리켜 '아버지께로서 나오시는 분'으로 표현하는 것은 그것이 아버지의 뜻과 목적을 추구하시는 중에서 취하신 성령의 자발적인 행사이기 때문이다. 이는 성부와 성자에 대한 성령의 영원한 관계를 입증한다. 성령께서 성부와 성자에게서 나오시며, 성부와 성자로부터 성령의 고유한 인격적 자존성을 받기 때문이다. 그것이 바로 이 하나님의 행사의 질서의 근거이다. 이처럼 '성령께서 성부로부터 나오심'은 성부께서 성령을 보내서서 성부의 뜻과 그 은혜의 뜻을 효력 있게 이루게 하신 것만이 아니라 같은 의도로 '성령께서 오신다'라고 표현한 것은(요 15:26, 16:7-8, 대상 12:18) 성령의 임하심(To come, or come upon, 행 19:6)은 장소의 이동과 동작의 개념이 있는 것으로서 '임하셨다'와 '예언하게 하셨다'는 두 어휘를 통하여 성령의 일하심의 시작과 끝을 시사하는 것이다(265쪽).

즉 임하신다는 말은 '성령께서 자발적으로 일을 하시려고 나선 '국면을 보여주고, '방언도 하고 예언도 하게 하셨다'는 것은 성령께서 일을 진행하시는 국면을 보여준다는 것이다. 그러므로 '성령을 주시고 보내셨다'는 것은 성령께서 자신의 의지와 승낙으로 인하여 성부의 뜻을 추구하여 일하심을 나타내는 것이다. 이것은 성부께로부터 보내심을 받은 것이 아니면 어느 곳에서도 아무일도 하지 않으신다는 것을 의미한다. 그러므로 우리의 믿음과 순종은 성령과 성부의 관계에 대한 우리의 이해와 처사에 따라 달라지는 것이다.

2) 사람들에게 갑자기 임하시다(To fall on men)

사도행전 2:4, 11:15은 성령의 임하심이 '크고 갑작스럽게 임하셔서 놀라게 한다'는 뉘앙스가 들어있다. 이는 엘리야의 제단과 제물에 하늘로부터 불이 갑자기 떨어졌다는 것과 같은 의미이다(왕상 18:38-39). 그러나 이 말의 동사형이 쓰이는 곳에서는 특이한 효과가 나타나서 성령의 임재와 권능을 증거하는 효력을 가지는 것이다(행 10:44, 2:4, 8:16).

3) 머물러 계시는 성령(To rest)

성부께서 성령을 주시거나 보내실 경우, 바로 그 사람들 위에 '강림하여 머물러 계시는(rest)' 성령을 언급하고 있다(요 1:32, 왕하 2:15, 벧전 4:13). 이 표현에는 두 가지 요소가 함축되어 있다: 만족하심(습 3:17)과 항상 함께 계심(요 14:16)이다.

4) 성령의 떠나심(to depart)

사무엘상 16:14의 사울 왕의 경우와 다윗이 범죄한 후에 올린 기도에서 발견된다(시 51:11). 성령께서 오신다고 했으므로 떠나신다는 말이 나온다. 성부께서 성령을 보내셨으니 그에 준하여 '성령을 거두어 가시기도 하는 것'이다(히 6:4-6, 10:26-27).

물론 어떤 이에게는 부분적인 떠나감이 있다. 이 '떠나심'은 은혜와 빛과 위로를 주시는 면에 관한 것으로서 구원하는 방식으로 그렇게 하신다. 그러나 아주 떠나시는 일은 절대로 없다(요 4:14, 7:37-39). 성령을 받은 자들은 영적으로 결단코 아주 곤핍하여 목마를 일은 더 이상 없을 것이라는 말씀이며 그들은 은혜언약의 혜택을 힘입어 끝날까지 성령의 은혜를 공급받을 것이다(사 59:21, 렘 31:33, 32:39, 40).

그러나 믿는 자들을 향하신 이런 성령의 역사의 분량과 정도와 효력이 경우에 따라 달라질 수 있어서 그 정도와 분량이 적어질 경우를 염두에 두고, 성령께서 '잠시 믿는 자들에게서 물러나 계시거나 떠나 계시는 듯' 이 보일 수 있다. "내가 잠시 너를 버렸으나 큰 긍휼로 너를 모을 것이요 내가 넘치는 진노로 내 얼굴을 네게서 잠시 가렸으나 영원한 자비로 너를 긍휼히 여기리라 네 구속자 여호와께서 말씀하셨느니라"(사 54:7, 8).

오웬은 성령의 경륜과 역사에 관하여 히브리서 2:4 말씀으로 더 설명하고 있다. '성령의 나누어 주신 것들'이라는 표현을 가지고 성령이 분할된다는 개념을 주장하는 이들에 대한 반박 논증을 펼친다. "하나님도 표적들과 기사들과 여러 가지 능력과 및 자기의 뜻을 따라 성령이 나누어 주신 것(μερισμός, gifts)으로써 그들과 함께 증언하셨느니라." 이 말씀의 문맥은 성령께서 능동적으로 행하시는 분으로 해석할 것을 요구한다. 그 본문이 그 은사들을 나누어 주시는 장본인이 성령이라고 말하고 있기 때문이다(276쪽). 오웬의 반박은 다음과 같다: 첫째로, 사도는 이곳에서 '성령께서 여러 은사들을 복음의 첫 번째 설교자들에게 주시어 그 복음의 교리를 확증하게 하셨다'고 말합니다. 그것이 바로 우리 구주의 약속대로 된 일이다(요 15:26, 27).

둘째로, '기사들'은 자연의 인과 법칙이나 힘으로 될 수 없다. 셋째로, 소경의 눈을 뜨게 하고 죽은 자를 살려서 일으키는 것과 같은 '여러 가지 능력'을 성령께서 주셨다. 성령께서 '자기 뜻을 따라' 그 모든 은사를 여러 부분과 여러 모양으로 나누어 주심으로 일할 권능을 보여주신 것이다. 히브리서 2:4의 말씀을 완전하게 해설하는 말씀이 고린도전서 12:7-11이다. 이사야 11:2-3도 성령의 역사에 대한 동일한 내용을 묘사하고 있다: "그의 위에 여호와의 영 곧 지혜와 총명의 영이요 모략과 재능의 영이요 지식과 여호와를 경외하는 영이 강림하시리니 그가 여호와를 경외함으로 즐거움을 삼을 것이며 그의 눈에 보이는 대로 심판하지 아니하며 그의 귀에 들리는 대로 판단하지 아니하며." 그래서 신약성경의 가르침을 따라서 우리가 성령을 경배하되, 이 여러 은사들과 은혜들을 나누어 주시는 주체로서의 성령을 즉시 높이고 경배해야 한다(278쪽).

요한계시록 1:4-5이 말하는 '일곱 영'은 하나님의 성령을 가리키는데, 성령께서는 교회를 돌보시고 교회에 필요한 것을 계속 공급하시되, 여러 은사들과 은혜들을 공급하시는 주가 되시는 분임을 나타낸다. '일곱'이라는 수가 그 점을 시사한다. 그러므로 교회의 터가 되시는 우리 주 예수 그리스도께서는 성령의 모든 은사와 은혜로 완전하게 기름 부으심을 받으셨다(278쪽).

03.
존 오웬의 『성령론』
제2권 핵심 요약·평가·적용

서문강 · 중심교회 원로 목사

우리는 지금 하나님께서 당신의 피로 사신 교회를 세우시는 데 정말 긴요하게 쓰신 존 오웬의 대작 「성령론」의 주요 핵심 내용을 살펴보고 있다. 우리가 이렇게 하는 것은 이 일 자체로 '성령을 아는 지식'의 다이제스트를 얻기 위한 것이 아니다. 도리어 그 대작을 '그것이 과연 그러한가 하여 그 책을 자세하게 읽으려는 독자들을 일으켜 세우고 그들의 독서를 안내하기 위하여' 오늘의 일이 필요하다.

만일 어느 누가 오늘 이 자리에 참석하여 '책 전체가 말하는 줄거리를 다 알았으니 되었다'는 식으로 생각하고 정작 책을 읽지 않는다면, 정말 무익한 일이 될 것이다. 그런 식의 자세는 이 책으로 하여금 우리 인격 전체에 영향을 주는 데는 마치 비 없는 구름과 같은 영향만 줄 것이다. 즉, 이런 식의 자세는 '검색으로 지식의 정보를 알아낸' 사람의 경우에 지나지 않는다. 정말 이런 자세를 우리는 크게 경계해야 한다. 오늘 디지털 시대의 '지식의 정보'는 사람을 바꿀 능력이 없다. 어떤 사람을 바꾸시는 하나님의 방식은 무엇인가? 창세기 32장에 나오는 '야곱의 씨름'과 그 일을 통해 그의 이름을 '이스라엘'로 바꾸신 하나님의 방식이 우리가 죽어도 고수해야 하는 가치가 아니겠는가. 오늘도 어떤 사람에게 은혜를 주시려 하실 때, 하나님께서는 반드시 '그로 하여금 계시의 말씀을 따라 하나님과 씨름하며, 하나님의 긍휼을 구하는 간절함'의 방식을 취하게 이끄신다.

역자인 본인도 다시 이 책을 읽어야 한다. 그것도 야곱의 씨름 같은 자세로 말이다. '번역의 씨름'과 '그 책의 독서의 씨름'과 다르다. 후자의 씨름이 없으면 번역자와 그 책의 연관성은 빛바랜 것이 되어 버린다. 다른 말로 하여, '책을 번역한다는 것'과 '그 책에서 말씀하시는 하나님의 은혜를 받고 변화된다'는 것은 별개의 문제이다. 전문 요리사가 '어떤 요리를 맛있게 만드는 일'과 '그 요리를 자기의 것으로 알고 맛있게 즐겨 먹는 것'과는 별개의 문제이듯이 말이다.

1. 존 오웬의 저작들의 방식

우리가 이미 알고 있지만 다시 강조하는 바는, 존 오웬의 모든 저작들은 '개인의 사변적(思辨的) 진리 탐구'의 접근 방식이 아니라 '성경이 말하고 계시하고 증언하는 바가 요구하는 바에 절대 복종하는' 방식이다. '어떤 주제에 대하여 자기가 질문을 던지고, 그 질문에 답을 성경에서 찾아 지적 또는 영적 호기심을 만족시키는 방식'이 결코 아니라는 것이다. 그것이 인문학의 원리 학문인 철학의 방식과 개혁주의 신학의 방식의 차이다. 철학은 '사람이 자기 의식과 그 필요에 의하여 의문과 질문을 제기하고 거기에 답을 찾는 형식'을 전제한다. 기원전 5세기 사람 프로타고라스(Protagoras)가 '만물의 척도는 사람이다'는 말을 함으로 철학의 접근 방식과 그 귀결을 잘 말해주었다. 그래서 철학의 시작과 마지막은 '나(인간)의 실존'이다. 그래서 철학의 끝은 '실존주의'다. 그 끝은 그 시작이 '내가 생각하기에…'의 숙명적 결말이다. 그 '나'의 발상의 범주는 '피조물의 한계'를 넘어설 수 없다.

오늘 '설교자에게 인문학 수업이 필요하다'는 말이 들려온다. 그 말이 '인문학이 말하는 바를 배워 도움을 받아야 한다'고 하는 식이면 재난이다. 다만 '인문학이 무엇을 말하는지를 알아 그에 영향을 받은 사람들을 이해하고, 그 인문학의 허상을 복음으로 노출시키고 그 복음으로 거기서 사람들을 구원하려는 의도에서 인문학적 교양이 필요하다'고만 해야 한다. 사도 바울이나 어거스틴이나 칼빈이나 존 오웬이나 모든 참된 개혁주의 신학자들과 설교자들은 '인문학에 무식하여 그렇게 외치고 설교한 것이라' 하는 자가 있다면, 무지의 소치이다. 바울과 어거스틴은 헬라 철학의 모든 것을 다 알고 있었다. 그들의 구원은 다 그 '철학과 세상 초등학문'에 대하여 '그리스도 안에서 죽고 하나님께 대하여 산 것'을 의미하기도 하다. 사도 바울은 '그리스도를 아는 지식이 가장 고상하여 그리스도 안에서 발견된 사람'으로 철학을 '세상의 초등학문(elemental spirits of the world)'으로 낮춰 버렸다. "너희가 세상의 초등학문에서 그리스도와 함께 죽었거든 어찌하여 세상에 사는 것과 같이 규례에 순종하느냐."(골 2:20)

그러나 칼빈이나 존 오웬이나 모든 개혁주의 신학자들은 전부 '내가 생각하기에'가 아니라 '성경으로 말씀하신 하나님이…'으로 시작한다. 그리고 그들은 성경이 말하는 진리를 따라 '자기에게 절대적으로 필요한 것이 무엇이며 그 해결책을 그 진리를 따라 받고 복종하는 자들'이었다.

저자가 이 책 초두에서 "성령론은 매우 어렵고 신비로운 주제"이기에 두려움으로 접근해야 함을 말하였다. 그러므로 그는 자기의 '지적이거나 영적 호기심'에서 이 책을 쓴 것이 아니다. 오직 '성경에 절대 복종하는 자세로 성경이 말하는 바를 드러내려는 전도자적이고 설교자적이고 목양적'인 열정으로 이 책을 썼다. 이런 의미에서 우리는 이 책에서 존 오웬의 말을 듣는 것이 아니라 그를 들어 성경을 증언하게 하신 성령의 음성을 듣는 것이 아니겠는가. 그래서 전편이 성경의 강론이다. 성경이 말하는 것과 반대되는 주장을 하는 자들과의 쟁론의 부분이 있지만, 궁극적으로 결론은 성경이 말하는 바를 밝히는 것이다.

2. 제2권의 전체 개요

저자는 제2권을 시작하면서 이렇게 말하였다. "우리는 이제까지 성령의 특별한 역사를 숙고하기 위하여 먼저 보편적인 일들을 살펴보았습니다. 이제 저는 우리가 현재 기획하고 있는 이 일의 가장 원리적인 주제가 될 것으로 나아가려고 합니다. 그 원리적인 주제란 '새 창조'에 속한 교회,

또는 인류의 회복을 위해 성령께서 은사들을 나눠주시는 경륜과 역사에 관한 것입니다. 실로 이 문제는 진지하게 믿는 자들에게 매우 중요한 문제입니다. 동시에 그 문제는 하나님과 우리 주 예수 그리스도의 은혜의 '대적들' 모두가 가장 격렬하고, 최근에는 악의적으로 대하는 주제이기도 합니다. 그 문제에 관한 교리의 무게와 중요성을 앞에서 부분적으로 알아보았습니다. 이제는 그것에 대하여 그 이상으로 숙고하지는 않으려고 합니다. 그러나 하나님의 이름을 실로 두려워하는 모든 이들에게 '성경에 그 성령의 역사에 관해 계시된 것'을 따라 주목하라고 하는 바입니다. 그리고 성경은 '그것의 용도'에 관하여 말하고 있습니다.″

제1권에서 저자는 성령에 대한 성경의 호칭과, 삼위일체론 안에서의 성령의 신적인 지위와 하나님의 행사 속에서의 성령의 역사의 전반을 다루었다. 제2권에서는 '새 창조' 곧, '그리스도의 구속(救贖)과 택한 백성의 구원'을 위한 성령의 경륜과 역사에 집중하고 있다. 그것도 구속사적인 구조 속에서 성령의 지위와 사역을 조명하고 있다고 하겠다. 그런 입장에서 제2권의 내용은 다음과 같이 전개된다. 그런 조감적 안목으로 각 장에서 다루는 내용의 개요를 간략하게 알아보겠다.

2.1. 신약시대를 준비하신 구약시대 성령의 역사들

저자는 이 책에서 '당신의 택한 백성을 구원하시는 구속사의 전 과정'을 '새 창조(new creation)'라는 명칭으로 함축적으로 표현한다. 이는 '처음 창조, 또는 옛 창조(first or old creation)'와 대조되는 개념이다. 특히 사탄의 꾀임에 빠져 인간이 범죄하고 타락함으로 말미암아 훼손된 '옛 창조 질서에서의 하나님과 인간의 관계'를 새롭게 회복하시려는 성부의 의지와 그 실행, 곧 '택한 백성의 구원'을 저자는 '새 창조'라고 부른다.

경륜적 삼위일체론의 입장에서, 성부의 목적에 따른 그 '새 창조'의 주도적인 역할은 그리스도의 구속(救贖)에 집중된다. 그리고 그 그리스도의 역사(役事)를 위한 준비와 실행과 적용의 전 과정을 성부의 목적을 따라 주관하시는 사역을 성령께서 맡으신다.

그러므로 그 성령의 역사는 '신약시대를 준비하시는 구약시대의 경륜과 그 행사'로 나타나기 마련이다. 그래서 이 제2권 1장에서는 구약시대에 모세와 선지자들을 통하여 '그리스도'에 대하여 '언약하시고 예언하신' 성령의 말씀과 은사와 그 기록의 역사 등에 대하여 집중하고 있다. 그래서 그 내용을 다음과 같이 정돈할 수 있다.

- 하나님의 영께서 새 창조 안에서 행하시는 사역은 어떤 이들에게는 멸시를 받는다.
- 구약 시대에 행하신 사역들은 새 창조를 위한 준비였다.
- 성령의 사역들에 대한 분류.
- 모세와 선지자들을 통한 예언의 은사, 그 본질 · 용도 · 목적.
- 예언의 시작.
- 성령께서만 그 유일한 저자이심─ 선지자들은 하나님이 불러 쓰신 종들.
- "선지자"라는 이름의 의미와 그의 직무.
- 영감에 의한 예언과 그것이 그렇게 불리는 이유.
- 선지자들이 성령에 의해 어떻게 움직임을 받았는가.
- 예언의 부속 요소들, 곧 그것이 전달되는 여러 구별된 방식들.
- 분명한 음성들에 관하여.
- 꿈과 환상(비전).
- 예언의 부수적 · 우연적 요소들.
- 상징적 행동들.

- 장소의 변화.
- 거룩하게 되지 않은 사람들이 예언의 은사를 가질 수 있는가 하는 문제.
- 발람의 경우에 대한 해답.
- 성경을 기록하는 일에 대하여.
- 그것을 위해 요구되는 세 가지.
- 기적에 대하여.
- 정치적 사안들에서 인간의 자연적 능력을 증진시키시는 하나님의 영의 사역.
- 도덕적 사안들에서의 사역.
- 육체적 사안들에서의 사역.
- 지적·기술적 사안들에서의 사역.
- 말씀을 전파하는 사역에서의 활동.

2.2. 새 창조를 위한 성령의 보편적인 경륜

저자는 이 장을 열면서 이렇게 말한다. "이제 우리는 이 책 전체를 통하여 주요하게 의도하고 있는 주도적인 부분을 알아보려고 합니다. 그 부분이 주도적이라고 하는 이유는 그것이 우리의 믿음과 순종에 주요하게 연관되어 있기 때문입니다. 다른 말로 하여 '복음, 곧 예수 그리스도 안에, 또 그로 말미암은 모든 일들을 새롭게 창조하시는 일'과 관련하여 성령의 경륜과 역사가 무엇인지를 알아본다는 것입니다."

이 부분은 성령께서 그리스도 안에서 사람을 새롭게 창조하시는 일과 관련하여 총체적으로 무슨 일을 하시는지를 망원경적인 조망을 가지고 살펴본다. 창세기 3:15에서의 '여자의 후손'에 대한 언약 이후 각 시대에 분포되어 있는 택한 백성으로 하여금 그 언약의 성취를 기다리게 하시는 일을 성령께서 하셨다. 그리고 그 모든 역사(歷史)의 전 과정을 성령께서 주도하셨다. 그래서 저자는 이를 가리켜 '모세의 교육법(Mosaical Pedagogy)의 계속 시행'으로 표현한다.

그래서 저자는 이 장에서 '성령께서 그리스도의 약속과 그 성취를 믿게 하시는 일'과 관련하여 보편적으로 무엇이 전제되는지를 관조한다.

새 창조 안에서 이루어지는 하나님의 영의 사역이 이제 고찰할 주제로 제시된다.

- 성령께서 그리스도 안에서 역사하시어 구원하시는 일의 교리의 중요성.
- 신약 시대를 향한 가장 큰 약속은 성령의 풍성한 부어 주심이다.
- 복음 사역은 성령에 대한 이 약속 위에 세워져 있다.
- 이 약속이 모든 믿는 자들에게 어떻게 주어지는가.
- 모든 사람에게 하나님의 영을 구하라는 명령.
- 그리스도께서 세상을 떠나실 때 자신의 영을 보내시겠다고 하신 장엄한 약속.
- 그가 성령을 약속하신 목적들.
- 새 창조의 사역은 하나님과 그의 영광을 계시하는 데 있어서 가장 중요한 수단이다.
- 이 계시가 이 사역 안에서 구체적으로 어떻게 이루어지는가.

이런 내용으로 논리를 전개하면서 '성령을 주시기 위하여 기도하라'는 목양적인 권면을 놓치지 않는다. 분명 이 책은 정말 '교리적이요, 목양적인 설교의 풍미'를 지니고 있다. 그래서 이 책을 번역할 때 설교체(경어체)로 하였다. 본인이 번역한 책 거의 다 '설교적 구어체'로 한 이유가 바로 거기에 있다. '목양적'인 적효성을 지니지 않는 '신학 책'은 전부 '사변적 산물'이다. 웨스트민스터 신앙고백서와 대소요리문답이 정말 '목양적이고 설교풍'이다. 그래서 오늘의 설교들이 그 '목양적 교리(교훈)의 선로'를 벗어나 '현안 해결책 인생론'으로 변질된 것이 참으로 무서운 징후다. 이 책의 내용으로 '성령론 연속 설교'를 만들어 보라. 그것은 표절이 아니다. '독창적 설교'를 추구하는 자가 '가장 쉽게 표절 설교의 함정'에 빠진다. 참된 설교는 '성경이 말하는 복음 진리(교리)체계의 연속적이고 반복적인 외침'이다. "내가 너희 중에서 예수 그리스도와 그가 십자가에 못 박히신 것 외에는 아무 것도 알지 아니하기로 작정하였음이라."(고전 2:2)

2.3. 새 창조의 머리이신 그리스도의 인성과 성령의 역사

이 장에서는 '교회의 머리이신 주 예수 그리스도의 인성(人性)'에 대한 성령의 역사를 다룬다. 성령의 역할은 그리스도의 인성(Human Nature) 그 자체에 대한 즉각적인 역사와 그리스도께서 다른 이들을 위하시는 직무에 대한 역사로 나누어 살펴볼 수 있다.

그런데 저자는 성령의 바로 이 사역에 대하여 매우 부정적인 여러 반론들을 먼저 다루어 주제에 대한 장애물을 없앤다. 초대교회 교부들로부터 이에 대한 논란이 있었다. 이에 대하여 저자는 성경이 말하는 '그리스도의 인성'에 대한 성령의 역사를 둘러싼 여러 반론들을 대응하여 성경적인 답변을 제시한다.

- 새 창조 안에서 성령께서 행하시는 특별한 사역들.
- 그리스도의 인성 위에 행하신 그의 사역.
- 인성이 하나님의 아들의 위격 안에서, 그리고 그에게 연합되어 있다는 사실을 고려할 때, 이 사역이 어떻게 가능한가.

- 인성을 자기와의 연합 안으로 취하신 일은 하나님의 아들께서 인성에 대하여 행하신 유일한 사역이다.
- 인성을 취하신 데 따르는 필연적 결과는 오직 위격적 연합뿐이다.
- 그 외에 아들이 인성 안에서 혹은 인성 위에 행하시는 모든 활동은 자발적이다.
- 성령은 모든 신적 사역들의 직접적인 유효 원인이시다.
- 그는 아들의 영이시며 또한 아버지의 영이시다.
- 삼위의 모든 사역이 어떻게 분리되지 않는가.
- 그리스도의 몸은 성령에 의해 모태에서 형성되었으나, 복된 동정녀의 몸으로부터 지어졌다. 이것이 왜 필요했는가.
- 그렇다고 해서 그리스도의 인성에 관하여, 그가 성령의 아들이라고 불리는 것은 아니다.
- 아들께서 인성을 취하신 일과 성령께서 인성을 창조하신 일 사이의 차이.
- 그리스도의 잉태가 어떻게 성령께 돌려지며, 또 어떻게 복된 동정녀에게 돌려지는가.
- 그리스도의 잉태 이전에 복된 동정녀가 요셉과 약혼되었던 이유.
- 기적적 잉태로 인해 그리스도의 영혼과 몸에 실제로 나타난 순결과 거룩.

A. 난제: 신성과 성령의 역사 개입 문제에 대한 대응

반론

그리스도의 인성은 하나님의 아들의 인격에 이미 연합되었으므로, 성령의 특별한 도우심 없이도 신성(神性)이 인성을 유지하고 거룩하게 할 수 있지 않은가? 성령의 직접적인 역사가 개입할 여지가 있는가?

답변

성경의 명백한 증언과 믿음의 유추(類推)를 통해 이 난제를 해결할 수 있다.

1. 성자의 고유한 행위: 인성(人性)을 자신에게 '취하여 들이는 일(assump-tion)'은 오직 성자의 고유한 행위였다(요 1:14, 빌 2:6-7). 성부와 성령은 이 일에 협력하시거나 간여하시지 않았다.

2. 인격적 연합의 필연성: 성육신의 필연적인 귀결은 '그리스도의 인격적 연합'이며, 인성은 그리스도의 인격 안에 분리될 수 없는 실존으로 존재한다.

3. 신적 행위의 자발성: 인성을 향한 신성(神性)의 모든 행위는 연합으로부터 필연적으로 나오는 것이 아니라 자발적(voluntary)이었다. 신성의 속성이 인성에 혼합되지 않는다. 그리스도가 십자가에서 "나의 하나님, 나의 하나님, 어찌하여 나를 버리셨나이까"(마 27:46)라고 호소하신 것은 인격적 연합의 파괴가 아니었다. 성부께서 교통하시던 위로와 빛을 끊으신 것을 아파하신 호소였다. 이는 인성 차원에서만 발생한 것으로, 인성이 신적인 속성의 주체가 아님을 보여준다.

4. 성령의 역할: 성령께서는 모든 신적인 외적 작용들의 '고유하고 효력 있는 직접적인 동인(動因)'이다. 하나님은 성령을 통해 일하신다.

5. 성령은 '아들의 영': 성령께서는 성부의 영이심과 동시에 '아들의 영'이다(갈 4:6). 따라서 하나님의 아들이 인성에 대하여 행하신 모든 것은 '그의 영이신 성령'을 힘입은 것이다.

6. 삼위일체의 사역은 외적으로 나누어지지 않음: 성삼위의 모든 외적 역사는 나누어지지 않는다. 그러나 어떤 일들이 성령께 탁월하게 돌려지

는 것은 성령의 자존성 질서에 기초한 것이다.

B. 교회 머리되신 그리스도께 대한 성령의 특별한 역사

새 창조의 대업에서 그리스도께 대한 성령의 특별한 역사 중 가장 우선적인 것은 '동정녀 마리아의 태 안에서 그리스도의 몸을 잉태하게 하신 이적적인 일'이다.

C. 그리스도의 몸의 잉태

1. 성부의 권위: 이 일의 지시와 처리 권위는 성부께 돌려진다. "나를 위하여 한 몸을 예비하셨도다."(히 10:5)는 성부의 영원한 '지시'를 가리킨다.

2. 성령의 효능: 이 일에 있어서 직접적인 신적 '효능(Efficacy)'은 성령의 고유한 일이었다(마 1:18, 20). 천사는 "성령이 네게 임하시고 지극히 높으신 이의 능력이 너를 덮으시리니"라고 말했다(눅 1:35).

3. 성령의 임하심: '성령이 네게 임하시고'는 이적적인 일들을 산출하시려는 성령의 행하심을 선언하며(행 1:8 비교), 전에 같은 목적으로 행하신 적이 없는 곳에 임하신 것을 의미한다.

4. 창조적 행위: 성령의 이 행사는 '창조적인 일'이었다. 이는 무(無)에서의 창조가 아니라, 복된 동정녀의 몸의 실체로부터 그리스도의 몸을 형성(Forming)하신 '창조의 후속적인 행사'에 해당한다. 즉, 성령의 전능한 권능으로 그전에 없던 특별한 산물을 만들어내신 것이다.

D. 동정녀 안에서 잉태될 절대 필요성

그리스도의 잉태가 동정녀의 몸으로부터 이루어져야 했던 것은 다음과 같은 절대적인 필요성이 있었다.

1. 약속 성취: 아브라함과 다윗의 후손이 될 것이라는 구약의 약속을 성취하기 위함이다(창 3:15, 롬 1:3).

2. 동질성과 동맹: 우리와 그리스도 사이의 동질성과 동맹 관계를 위해, 그리스도께서는 혈과 육을 함께 지니셔야 했다. 이는 그가 우리의 구주가 되어 인성으로 죄를 대속하기 위한 합당한 자격을 갖추기 위함이다(히 2:14).

3. 전가(Imputation)의 근거: 그리스도가 죄를 제외한 모든 것에서 우리와 같지 않으셨다면, 그가 행하시고 이룩하신 것을 우리의 것으로 전가할 근거가 없었다(롬 8:3-4).

E. 그리스도의 잉태에 대한 주요 요점

1. '성령의 아들' 아님: 성령께서 그리스도의 몸을 형성하셨으나, 그리스도를 '성령의 아들'로 칭할 수 없다. 부자 관계는 '완전한 생성(Generation)'으로만 성립되며, 이는 성부와 성자 간의 영원한 발생 관계에만 해당된다.

2. 한 순간의 완성: 동정녀의 태 안에서 그리스도의 잉태는 성령의 창조적 행위로 후속적인 일 없이 '한 순간'에 즉시 완성되었다. 그리스도의 몸의 형성 및 이성(理性) 있는 영혼의 주입이 동시에 이루어졌으며, '말씀이 육신이 되신'(요 1:14) 순간이었다.

3. 마리아의 역할: 그리스도의 잉태가 동정녀 마리아에게 돌려지는 것

은 오직 이런 의미에서다. 곧, 그리스도의 몸이 그녀의 형질로부터 형성된 수동적, 물리적 원인이기 때문이다. 그녀는 요셉과의 약혼을 통해 보호를 받고, 불법적인 탄생이라는 누명에서 자유로울 수 있었으며, 합법적인 족보를 지속할 수 있었다.

F. 그리스도 인성의 완전한 거룩함

성령의 이적적인 창조로 그리스도의 몸은 완벽하게 순전하고 정확하게 지어졌다.

1. 죄의 경향성 없음: 그리스도의 체질 속에는 완전한 거룩함에서 빗나갈 경향성이 전혀 없었다.

2. 연약함의 수용: 그리스도께서는 근심, 슬픔, 피곤, 굶주림과 같은 인성(人性)의 연약함은 취하셨으나, 우리의 체질의 무질서나 악함에서 비롯된 몸의 질병이나 불안은 전혀 취하지 않으셨다.

성령께서는 전능하신 능력으로 그리스도의 몸을 형성함으로써, 그 몸이 그리스도의 거룩한 영혼을 위한 합당한 처소가 되게 하셨고, 그리스도께서 행하시는 모든 은혜와 덕의 일들에 부합한 완벽한 조건을 갖추게 하셨다.

2.4. 그리스도의 인성에 역사하신 성령

본 장은 성령께서 교회의 머리이신 예수 그리스도의 인성(人性)을 거룩하게 하신 일과, 그리스도의 중보 사역을 하시는 일과 연관된 성령의 역사의 구체적인 방식에 대해 다룬다.

- 그분의 인성이 어떻게 흠 없고 죄로부터 자유로울 수 있었는가 하는 근거.

- 모든 은혜로 적극적으로 충만하게 하심.
- 그리스도 안에서의 본래적 거룩과 성령에 의한 그리스도의 성결과의 연관성.
- 그리스도께서 자신의 영혼의 이성적 능력들을 통해 은혜를 어떻게 행사하셨는가.
- 그 능력들의 증진.
- 그리스도의 인성 안에서 지혜와 지식이 어떻게 객관적으로 증가했는가.
- 권능과 은사로 성령께서 그리스도를 기름 부으신 일.
- 그 기름 부으심이 그의 세례 때 탁월하게 부어졌음.
- 요한복음 3장 34절의 해설과 변호.
- 성령에 의해 그리스도 안에서 이루어진 기적적 행위들. 그리스도께서 그의 모든 사역에서 성령의 인도와 지도와 붙드심을 받으신 일.
- 마가복음 1장 12절의 해설.
- 주 예수 그리스도께서 영원한 성령을 통하여 자신을 하나님께 어떻게 드리셨는가.
- 그 일을 위한 그의 거룩하게 하심.
- 그 사역 안에서 탁월하게 작용한 은혜들.
- 사랑, 열심, 순복, 믿음, 진리가 모두 그 안에서 행사되었음.
- 그리스도께서 죽은 자의 상태에 계실 동안, 그리고 그의 부활과 영화 가운데 성령께서 그에게 행하신 사역.
- 그리스도에 대해 증언하시는 성령의 직무와 그 이행.
- 그리스도를 아는 참된 길과 수단, 그리고 그 필요성.
- 우리가 마땅히 그리스도를 사랑한다는 것이 무엇을 의미하는가.

1) 그리스도 인성의 완전함과 초자연적 은혜

그리스도의 인성은 동정녀의 태 안에서 성령의 창조적 행위로 형성되었으므로, 원죄나 부패한 본성의 잔재가 전혀 없었다. 이는 그리스도가 일반적인 출생법으로 나지 않았기 때문이며, 아담의 죄가 전가될 이유도 없었다.

A. 인성의 성결성과 초자연적 은혜의 주입

1. 성화의 근원: 그리스도의 인성의 성결성과 모든 은혜의 최초 주입은 성령의 즉각적인 역사로 말미암았다.

2. 초자연적 은혜의 필요성: 그리스도의 영혼의 기능들(이지, 의지, 정서)이 정결하게 창조되었다. 그러나 피조물로서 하나님을 위해 살기 위해서는 본성적인 생명 외에 초자연적인 은혜가 요구되었다.

3. 성령의 기름 부으심: 성령께서는 잉태 순간 그리스도의 영혼에 최초의 기름 부으심을 행하셨다. 따라서 그리스도는 태어나는 순간부터 '거룩하고 해가 없고 더러움이 없었다'(눅 1:35, 히 7:26). 성부께서는 '성령을 한량없이 부어주시는'(요 3:34) 방식으로 그리스도를 은혜와 지혜로 충만케 하셨다.

B. 은혜와 지혜의 성장 (발육)

1. 인격적 행사의 원리: 그리스도께서는 완전한 사람으로서 이성 있는 영혼을 가지셨고, 그 영혼이 모든 도덕적 행사의 직접 원리였다.

2. 성장과 진보: 그리스도께서는 사람들과 같은 방식을 따라 성장하셨다. "지혜와 키가 자라가며 하나님과 사람에게 더욱 사랑스러워 가시더

라"(눅 2:52). 이는 그리스도의 몸과 정신 영역 모두에서 강하게 되고 은혜가 진보되었음을 의미한다.

3. 성령의 역할: 이러한 지혜의 성장에 성령의 고유한 역사가 동반되었다. 성령께서는 그리스도의 이지적 기능들을 은혜로 충만케 하심으로써 실제적인 순종과 사역을 가능하게 하셨다(사 11:1-3의 예언의 성취).

2) 그리스도의 공적 직무를 위한 성령의 역사

A. 특별한 권능과 은사의 기름 부으심

성령께서는 그리스도께서 지상에서 선지자 직무 등을 수행하는 데 필요한 특별한 권능과 은사들로 기름 부음을 주셨다(사 61:1, 눅 4:18-19).

1. 세례 시 확증: 세례 요한에게 세례를 받으실 때, 성령이 비둘기 같이 임하심으로써 그리스도의 직무가 하나님의 부르심에 의한 것임이 눈에 보이는 표징으로 증명되었다. 이는 예수님을 '하나님 아버지께서 인치신 자'로 확증하는 일이었다(요 6:27).

2. 한량없는 성령: 그리스도는 세례 받으신 후 공적 사역을 위해 '성령의 충만'을 입으셨고(눅 4:1), 하나님은 그에게 성령을 '한량없이(οὐκ ἐκ μέτρου)' 주셨다(요 3:34, 엡 4:7 비교). 이는 성령을 제한 없이, 측량할 수 없이 광대하게 주셨다는 의미다.

B. 그리스도의 이적 사역에 드러난 성령의 권능

1. 위대한 이적: 그리스도의 사역을 확증한 위대한 이적들은 성령의 특별한 권능으로 말미암았다. 예수께서 귀신을 쫓아내실 때 '하나님의 성

령을 힘입어' 행하신다고 하셨다(마 12:28). 이는 성령을 모독하는 죄가 사하심을 얻지 못하는 중대한 이유가 되었다(마 12:31-32).

2. 사역의 인도와 지원: 성령께서는 시험과 순종, 고난의 전체 과정 속에서 예수님을 이끄시고, 위로하시고, 지원하셨다(눅 4:1). 예수께서 마귀의 시험을 이기신 후 '성령의 권능으로' 복음을 전파하기 시작하셨다(눅 4:14).

3) 영원하신 성령으로 자신을 드리신 그리스도

그리스도께서는 '영원하신 성령으로 말미암아 흠 없는 자기를 하나님께 드린' 것이다(히 9:14). 이는 그리스도의 희생제사의 효력과 공덕에 직접적인 영향을 미쳤다.

A. 희생 제물로서의 자원하는 순종

1. 자신을 거룩하게 구별: 그리스도께서는 제사장 직무로 자신을 제물로 구별하셨으며, 이는 영원하신 성령의 효력 있는 작용을 통해 이루어졌다(요 17:19).

2. 하나님의 뜻에 복종: 그리스도는 겟세마네 동산에서 죽기까지 자원하여 복종하심으로(빌 2:8), 죄를 위한 화목제물이 되라는 성부의 특별한 명령에 순종하셨다. 이 순종은 성령의 은혜로 최고조에 달했다.

3. 하나님의 영광을 위한 열심: 그리스도의 마음을 주장하던 것은 하나님의 영광을 위한 열심이었으며, 이는 죄에 대한 하나님의 공의를 만족시키고, 은혜와 사랑의 보고를 열어 죄인들에게 영광을 돌리려는 목적이었다(시 40:8, 롬 3:24-26).

4. 믿음과 신뢰: 극한 시련 속에서도 그리스도는 하나님의 약속과 언

약에 대한 믿음과 신뢰를 지키셨다(시 22:1, 사 50:7-9).

B. 성령으로 완성된 구속 사역의 효력

그리스도의 죽으심은 단순한 고난이 아니라, 거룩한 순종의 행위로서 자신을 하나님께 자원함으로 드린 제물이었다. 이 제물이 '하나님께 향기로운 냄새'(엡 5:2)를 내게 한 것은 성령으로 말미암아 그리스도의 인성 안에서 행하신 이 은혜로운 순종 때문이었다.

4) 그리스도의 죽음과 부활, 영화롭게 되심에 대한 성령의 역사

A. 죽은 상태의 그리스도를 보호

1. 몸의 보전: 그리스도의 거룩한 몸이 무덤에 있는 동안 성령의 특별한 보호를 받아 썩음을 당하지 않았다(시 16:10, 행 2:31). 성령의 압도적인 권능이 순전한 몸을 보전하였다.

B. 부활과 영화롭게 하심

1. 부활의 능력: 그리스도의 부활은 성령의 특별한 역사였다. 성부께서 죽은 그리스도를 부활시키신 것이고(행 2:24), 성자께서 다시 얻으신 권세로 그 일을 행하셨고, 그리스도의 영혼과 몸의 재연합의 효능은 성령의 권능으로 말미암았다('영으로는 살리심을 받으셨으니' - 벧전 3:18, 롬 8:11).
2. 영화롭게 하심: 성령께서는 그리스도의 인성을 영화롭게 하셔서 하나님 우편에 영원히 거하기에 합당하게 하셨다. 이는 장차 성도들의 몸이

영화롭게 될 본보기가 된다(빌 3:21).

2.5 교회의 지체들을 새롭게 창조하시는 성령의 보편적인 역사

이제까지는 교회의 머리되시는 그리스도의 구속의 일과 연관된 성령의 일을 알아보았다면, 이 제5장에서는 '교회의 지체들,' 곧 택한 백성을 그리스도 안에서 구원하시는 일('새 창조')와 연관된 성령의 보편적인 일을 다룬다. 저자는 이 부분을 시작하면서 이와 관련된 두 전제를 제시한다.

첫째로, 교회를 향하신 성령의 역사는 항상 '성부의 사랑과 은혜와 뜻과 영원한 목적'을 전제한다. 둘째로, 교회를 향하신 성령의 역사는 '예수 그리스도의 중보 사역 전체'를 전제한다.

그러면서 이 장에서 다루는 요점을 다음과 같이 정돈할 수 있다.

- 그리스도는 새 창조의 머리이시다.
- 성령의 남은 사역에 앞서 일반적으로 전제되어야 할 것들.
- 교회를 향한 성령의 사역에 앞서 미리 가정되어야 할 것들.
- 아버지와 아들의 사랑과 은혜.
- 교회를 세우는 모든 사역은 성령께 맡겨졌다.
- 사도행전 2장 33절의 해설.
- 성령의 약속 안에 놓인 교회의 기초, 그리고 그 교회를 오직 성령께서만 세우시는 일.
- 그리스도께서는 자신의 영으로만 교회와 함께 계신다.
- 마태복음 28:19 – 20, 사도행전 1:9 – 10, 3:21, 마태복음 18:19 – 20, 고린도후서 6:16, 고린도전서 3:16의 비교.
- 성령께서 그리스도의 일을 이루신다.
- 요한복음 16:13 – 15의 해설.

- 모든 은혜의 고유한 근원은 성령이시다.
- 성령께서는 자신의 뜻에 따라 이 모든 일을 행하신다.
- 성령의 모든 사역 안에는 그분의 뜻과 기쁨이 있다.
- 그분은 자신의 사역의 종류와 정도에 따라 다양하게 일하신다.
- 그분이 어떻게 거역되실 수 있으며, 어떻게는 거역될 수 없는가?
- 동일한 사역이 어떻게 성령께 구별되게 돌려지면서도 동시에 성부와 성자께서 함께 하신 일로 말해지는가.
- 교회를 향한 그의 사역의 일반적 대목들.

이 장의 핵심은 '성령의 역사가 신약 교회 설립과 유지에 있어 필수 불가결한 핵심 원리이며, 이는 삼위일체 하나님의 구원 경륜 안에서 질서 있게 이루어진다'는 점이다. 성령의 고유한 역사는 성부와 성자의 일의 효력을 택한 백성의 영혼에 적용하여, 그들을 하나님의 은혜의 영광의 찬송이 되게 하는 것이다.

1) 새 창조와 성삼위일체의 계시

옛 창조에서는 하나님의 속성(능력, 지혜 등)이 주로 드러났으나, 새 창조(구원 사역)에서는 성삼위일체의 각 위격이 특별하게 계시된다.

1. 구약 시대: 성삼위일체 경륜 전체가 명백하게 드러나지 않았다.

2. 신약 시대: 성령을 통하여 아들을 통하여 아버지께 나아가는 삼위일체적 교통의 질서가 분명히 밝혀졌다(엡 2:18).

3. 세례: 이 구원 경륜에 참여하는 증표로 '아버지와 아들과 성령의 이름으로' 세례를 받는다(마 28:19).

3. 결론적 적용 – 교회의 초석이신 성령

성령을 보내주신 일이 곧 그리스도 교회의 초석이 놓인 것이다.

1. 그리스도의 승천과 성령 강림: 그리스도께서는 승천하시면서 아버지께 약속하신 성령을 받아 교회에 부어주셨다(행 2:33). 이 성령의 임재와 권능은 사도들이 땅 끝까지 복음을 증거할 수 있는 능력의 근원이다(행 1:4, 8).

2. 성령 없이 교회도 없음: 성령의 역사가 없으면 교회는 더 이상 그리스도의 교회가 아니며, 성경의 문자도 사람들의 영혼에 믿음과 순종을 생성하지 못한다(고후 3:6, 8).

3. 그리스도의 대리자(Vicarium Christi): 성령께서는 그리스도께서 몸으로 계시지 않는 자리를 채우시며, 그리스도의 모든 약속(세상 끝 날까지 함께 하신다는 약속, 마 28:20)을 성취하신다. 교회에 대한 그리스도의 영적 임재는 육신적 임재보다 더 유익하다(요 6:63).

3.1. 그리스도의 영광을 나타내시는 성령

성령의 일은 그리스도의 영광을 나타내는 것이다.

1. 스스로 말하지 않으심: 성령께서는 그리스도의 인격이나 교훈과는 별개의 새로운 진리나 은혜를 가져오지 않으신다(요 16:13). 그분은 오직 그리스도 안에 있고, 그리스도로부터 온 것만을 나타내신다.

2. 들은 것을 말씀하심: '성령께서 들은 것을 말씀하신다'는 예수님의 표현은 '성령께서 성부와 성자의 뜻(교회의 구원)을 아시는 것'을 표현한 것이다. 성령은 성부와 성자의 영으로서, 그 뜻을 무한하게 아신다.

3. 그리스도의 것을 가지고 알리심: 성령께서는 그리스도의 것(은혜와

진리)을 받으시어 신자들에게 실제로 전달하시고 적용하신다(요 16:14). 이 전달은 그리스도의 중보의 열매이며, 성부의 사랑이 아들을 통해 성령으로 우리에게 오는 삼위일체의 질서를 따른다.

4. 성령 없이 구원 없어: 성령이 없이는 성부의 사랑이나 성자의 중보의 열매가 우리에게 전달될 수 없으며, 우리가 하나님께 합당한 믿음, 기도, 순종을 드릴 수 없다.

3.2. 성령의 주권과 우리의 힘씀

성령의 역사는 그분의 뜻과 주권을 따른다.

1. 성령의 뜻과 주권: 성령은 단순히 도구가 아니라, 자신의 뜻과 지혜로 모든 은사, 은혜, 역사를 조절하신다(고전 12:11).

2. 성령 거역: 사람이 성령이 사용하시는 방편(말씀 등)을 거역할 수는 있지만, 성령께서 하시려는 궁극적인 일(택자의 회심 등)을 막을 수는 없다.

3. 우리 안에서 하나님의 행하심과 우리의 힘씀(모든 선한 것의 근원): 우리 안에 있는 모든 영적으로 선한 것은 오직 성령으로 말미암은 것임을 전제해야 한다(빌 2:13, 고후 3:5).

4. 게으름의 구실 불가: 성령의 역사는 우리로 말미암아 행해지도록 역사하신다. 성령께서 우리의 이지(理智)의 기능들을 통해 우리를 주장하시므로, 성령의 역사를 구실로 영적 게으름에 빠지는 것은 어리석다.

5. 은혜의 증진: 은혜와 성결의 정도는 성령의 주권적인 역사이지만, 받은 은혜를 활용하여 순종의 의무에 힘쓰는 것에 영적 성장과 열매 맺음이 달려있다(벧후 1:5-7).

4. 마치는 말

이 책의 각 권의 각기 내용 그 자체만으로도 한 권의 책이 되기에 충분한 깊이와 권위가 있다. 부연하지만, 이 책을 천천히 숙독하며, 그것을 성삼위 하나님의 영광과 교회와 우리 각의 영혼에 적용하고 비추어 볼 때 주어지는 영적 혜택을 무엇으로 측정하겠는가! 번역자로서 본인은 이 제 2권을 다시 공부함으로 받는 은혜가 이렇게 크거늘 처음 읽을 독자의 경우는 말해서 무엇하랴! 정말 이 책은 반드시 읽혀져 한국교회의 영적 깊이와 크기와 높이와 길이를 넘치게 하시는 성령님의 충만한 은혜가 부어지기를 하늘에 계신 우리 아버지 하나님께 우리 주 예수 그리스도의 이름으로 간절히 기도드리나이다. 아멘.

04.
존 오웬의 『성령론』
제3권 핵심 요약·평가·적용

김효남 · 총신대학교 신학대학원, 역사신학 교수

1. 거듭나게 하시는 성령의 새 창조의 역사

존 오웬은 『성령론』 제3권 제1장 "거듭나게 하시는 성령의 새 창조의 역사"에서 인간의 구원을 위해 성령께서 행하시는 중생(거듭남) 사역의 본질, 필요성, 그리고 그 독특한 특성을 교리적/실천적으로 논증한다. 오웬이 이 장에서 특히 강조하는 것은 중생이 인간의 도덕적 개선이나 외적인 행위가 아닌, 오직 성령의 주권적이고 초자연적인 창조 사역이라는 사실이다.

1.1. 중생의 본질과 유효한 동인(원인)

1) 중생은 성령의 고유하고 특별한 사역이다

중생(거듭남)은 예수 그리스도의 신비로운 몸(교회)을 예비하는 새 창조의 시작이며 완성의 과정이다. 예수님께서는 니고데모에게 "물과 성령으로 나지 아니하면 하나님의 나라에 들어갈 수 없다"고 선언하셨다. 이때 성령(the Spirit)은 중생의 원리적이고 유효한 동인(動因, efficient cause)이시며, "물(water)"은 성령의 역사를 상징하는 방편(세례 또는 말씀)이다. 성령으로 거듭난 사람은 "영으로 난 것은 영이니"라는 말씀처럼, 새 영적 생명(new spiritual existence), 새 피조물, 새 본성을 부여받아 영적으로 살리심(vivification)을 입은 자다. 구원의 근원은 성부의 사랑과 긍휼이며, 은혜를 확보하신 것은 성자 그리스도의 중보 사역이고, 그 은혜를 개인에게 효과적으로 적용하여 우리의 성품을 새롭게(중생의 씻음과 성령의 새롭게 하심)하시는 분이 성령이시다.

2) 구약성경에도 계시된 거듭남의 교리

이 거듭남의 본질은 시대와 장소를 초월하여 동일하다. 그러므로 구약시대에도 거듭남은 신약시대와 동일한 방식으로 존재했다. 예수님은 니고데모에게 이스라엘의 선생으로서 마땅히 거듭남의 교리를 알았어야 한다고 책망하셨는데, 이는 구약성경에도 그 진리가 기록되어 있었음을 뜻한다. 구약성경에 주어진 약속들 중에 "마음에 할례를 베푸실 것", "돌 같은 마음을 제거하고 살과 같은 부드러운 마음을 주실 것", "마음에 하나님의 법을 기록하실 것"등과 같은 약속들은 모두 성령으로 말미암은 거듭남의 본질을 예고한 것이다.

1.2. 중생의 특성: 도덕적 개혁 및 열광주의와의 구별

1) 도덕적 갱신(moral reformation)과 구별되는 중생

중생은 삶과 행위의 도덕적 개혁(a moral reformation of life)이 아니다. 어떤 사람이 외적으로 도덕적으로 개혁하고 복음의 교리에 동의하며 세례를 받았다고 해도 그것 자체가 중생은 아니다. 펠라기우스주의자들의 주장처럼, 중생을 단순히 도덕적 행위로 보는 것은 원죄의 실상과 예수 그리스도의 은혜를 완전히 무너뜨리는 것이다. 중생의 참된 본질은 "성품을 영적으로 새롭게 하는 것(a spiritual renovation of our nature)"이다. 중생은 새롭고 영적인 원리를 영혼에 주입하는 것이며, 이 원리가 영적 생명, 빛, 거룩함, 의로움을 가능하게 한다. 이 영적 원리야말로 하나님의 권능의 창조적 행위의 산물이며, 거듭난 자는 "새 피조물"(고후 5:17)이 된다. 마치 "못된 나무가 아름다운 열매를 맺을 수 없느니라" 말씀처럼, 삶의 개혁(열매)은 먼저 성품의 변화(나무의 성질)가 있은 후에 따르는 결과다.

2) 열광적인 환희나 환각과 구별되는 성령의 역사

거듭나게 하시는 성령의 역사는 "열광적인 환희나 환각이나 음성 같은 것"과는 관련이 없다. 광신주의자들의 주장과 달리, 이는 기만과 무절제한 공상에서 나온 것일 수 있다. 성령께서는 사람들에게 임하실 때 황홀경(involuntary raptures)에 빠지게 하는 방식으로 하지 않으신다. 성령께서는 우리의 인격적 기능들(지성, 의지, 정서)을 강압하지 않으시고, 그 기능들이 영향을 받기에 합당한 방식(합리적인 방식)으로 역사하신다. 성령의 위대한 역사는 율법과 복음을 포괄하는 하나님의 말씀을 통하여, 그리고 말씀으로 말미암아 나타나는 하나님의 권능의 효력이다.

1.3. 중생 사역에 대한 실천적 강조점

1) 거듭남을 위한 예비적인 성령의 역사

외적인 방편(말씀 설교)에 부지런히 참여하는 것은 영혼이 영원히 파멸하는 것을 막는 방편이며, 일반적으로 효력 있는 은혜로 이어진다. 내면적이고 영적인 효력으로서의 조명(illumination)과 죄의 각성(conviction of sin)이 말씀 전파를 통해 사람들의 영혼 안에서 일어난다. 이러한 예비적 역사는 그 자체로 선하고 거룩하며, 진지한 회심을 향한 성향을 가지고 있다. 그러나 이 단계에 머물러 회심에 이르지 못하는 것은 성령의 역사가 불완전해서가 아니라, 사람들의 고의적인 완악함과 죄 때문이다.

2) 복음 사역자의 의무와 듣는 자의 자기 점검

복음 사역자들은 죄인들을 거듭나게 하시는 성령의 역사를 위해 쓰임 받는 영적 아버지의 역할을 한다. 그러므로 사역자는 거듭나게 하시는 성령의 역사의 본질과 방식을 철저하게 알아야 하며, 그렇지 않으면 사역을 바르게 감당할 수 없다. 또한 말씀을 듣는 모든 그리스도인들도 감당해야 할 역할이 있는데, 그것은 자기 점검이다. "너희가 믿음 안에 있는가 너희 자신을 시험하고 너희 자신을 확증하라"(고후 13:5)는 사도의 명령을 따라, 신자에게는 자신의 마음에 작용하신 성령의 역사가 있었는지 스스로 점검할 불가피한 의무가 주어져 있다.

1.4. 실천적 / 목회적 적용

1) 중생의 본질에 대한 설교

a. 중생은 도덕적인 개선이나 외적인 종교생활이 아니라 초자연적인 새 창조: 현재 목회 현장에서 중생의 의미가 강조되지 않고, 그 본질이 간과되는 경향이 있다. 많은 목회자들이 신자됨을 단순히 외적인 입술의 고백이나 종교활동에의 참여로 간주하여, 이와 같은 결과를 얻어 내기 위해서 다양한 방식을 사용한다. 또한 신자의 거룩함을 하나님의 율법에 대한 참된 순종에 두기보다는 사회적인 도덕성 혹은 불신자들에게 좋은 평판을 듣는 것으로 오해하는 경향이 있다. 하지만 중생은 전적으로 성령께서 이루시는 초자연적인 새 창조의 역사임을 기억해야 한다.

b. 중생은 이성적인 설득이나 내적인 능력의 강화에 따른 결과가 아니라 성령의 창조 사역: 오웬은 중생이 인간 안에 있는 능력을 강화하는 방식으로 이루어질 수 있다는 견해에 반대한다. 실제로 목회 현장에서는 이와 같은 방식으로 신자됨을 정의하고 교회의 프로그램을 만들어 가는 경향이 있다. 하지만 중생은 인간 안에 있는 능력을 설득이나 신적 도움을 통해서 끌어내거나 강화하는 방식이 아니라 성령의 초자연적인 창조에 따른 것이다.

c. 복음이 가진 능력에 대한 확신: 성령이 인간의 내적 능력에 따른 결

과가 아니라 전적인 성령의 사역이라면, 아무리 완고한 사람이라도 성령의 역사가 있으면 거듭날 수 있다는 소망을 가지고 담대하게 복음을 전파해야 한다.

2) 구원의 확신과 자기 점검에 대한 적용

a. 바른 구원의 열매: 성도들이 자신의 영혼에 대하여 점검할 때, 종교적인 행위나 도덕적인 향상이 아니라 성령을 통해서 심겨진 새로운 본성의 여부에 대하여 점검하도록 가르쳐야 한다.

b. 열광주의에 대한 경고: 오웬은 성령께서 일으키신 중생의 표지는 황홀경이나 신비 체험과 관련이 없으며, 인간의 본성에 합당한 방식, 곧 말씀을 통한 합리적 작용으로 역사한다고 가르친다. 이는 여전히 어떤 신비한 체험을 성령에 대한 체험으로 간주하려는 경향이 많은 한국 교회의 성도들이 비성경적인 신앙을 경계하고, 성경에 기초한 건전한 신앙을 추구하도록 도울 수 있다.

2. 거듭남을 준비하시는 성령의 역사

존 오웬은 여기서 중생(거듭남)이라는 결정적인 변화에 앞서 성령께서 죄인들의 마음속에서 행하시는 예비적인 사역(preparatory work)의 본질과 목적, 그리고 그 한계를 상세히 다루고 있다. 이 장의 요점은 성령의 예비적인 역사는 회심으로 이끌지만, 그 자체가 중생은 아니며, 이 예비적 은혜를 거부하는 것은 인간의 죄악 때문이라는 사실을 증명한다.

2.1. 거듭남을 준비하는 성령의 역사의 본질

1) 성령의 예비 사역의 정의와 방편

중생은 오직 성령의 유효한 권능으로만 이루어지지만, 성령께서는 대다수의 사람에게 거듭남의 은혜를 주입하시기 전에 먼저 예비적인 사역을 행하신다. 이 예비 사역의 주요한 방편은 율법과 복음의 선포이며, 성령께서는 말씀의 교훈과 권위를 통해 사람들의 영혼에 역사하신다.

2) 예비 사역의 두 가지 핵심 요소: 조명과 죄의 각성

a. 조명(illumination): 성령은 말씀의 빛을 비추시어 사람들의 지성에 하나님의 진리가 영적인 실재임을 깨닫게 하신다. 특히 죄의 본질, 심판, 영생에 이르는 길, 즉 그리스도께 나아갈 절대적인 필요성을 분명히 인식하도록 도우신다.

b. 죄의 각성(conviction of sin): 성령은 양심에 작용하시어 그들이 죄 아래 있다는 사실과 그 죄의 심각성을 깨닫게 하신다. 단순히 외적인 죄를 깨닫는 것을 넘어, 자신의 마음과 본성에 있는 원죄적 부패의 심각성과 그로 인한 하나님의 진노를 두려워하게 만든다.

3) 예비 사역의 결과

이러한 성령의 사역을 통해 죄인들은 자신의 비참한 상태를 인식하고, 회개에 대한 간절한 소원과 그리스도께 나아가고자 하는 진지한 자세를 가지게 된다. 이 역사는 그 자체로는 선하고 거룩하며, 진지한 회심을 향한 선한 경향성(inclination)을 내포하고 있다.

2.2. 예비 사역의 목적과 한계

1) 성령의 예비 사역의 목적은 중생

이 역사는 중생이 이루어지기에 합당한 조건을 마련하는 데 기여한다. 중생이 일어나기 위해 말씀을 받으려면, 질료적 성향(material disposition)이 변해야 하는데, 이를 성령의 예비하시는 사역이라고 한다. 이 예비 사역은 영혼이 죄의식과 율법의 정죄 앞에서 겸손하고 항복하게 만든다. 이렇게 준비된 마음만이 은혜로우신 구속주이신 예수 그리스도를 환영하고 받아들일 수 있다.

2) 예비 사역의 내용

a. 이 예비 사역은 말씀이라는 방편을 통하여 이루어진다. 이 사실은 인간에게 의무를 요구한다. 첫째는 하나님의 말씀이 전파되는 곳에 참석해야 하며, 둘째로 하나님의 생각과 뜻으로 계시되고 선언된 것들을 이해하고 받기 위하여 은혜의 방편에 집중해야 한다. 이때 기억해야 할 사항이 있다. 먼저 이 의무를 소홀히 하는 것은 영혼이 영원히 파멸하게 되는 "주요 경로와 동인"이라는 사실과 이 방편을 사용한다고 사람이 자동적으로 중생에 이르는 것은 아니라는 사실이다. 다음으로 이 방편에 부지런히 참여하는 자들에게 하나님은 "일반적으로" 효력 있는 은혜를 베푸신다.

b. 말씀을 통한 예비 사역의 결과는 조명, 죄의 각성, 삶의 개혁으로 구성되어 있다. 각각 지성의 영역에서, 지성과 양심과 정서의 영역에서, 그리고 삶의 영역에서 일어난다. 조명을 통해, 선포된 진리를 깨닫고 이해하게 되며, 그 결과 복음적인 기쁨을 맛보기도 하고, 은사가 주어지기도 한다. 하지만 이 단계는 아직 중생이 아니고, 이를 준비하는 단계다.

죄의 각성은 율법의 선포를 통해 죄책과 이로 인한 불안감을 가지는 단계다. 이때 영혼은 죄를 슬퍼하게 된다. 그리고 죄로 인해 겸비해지고, 더나아가 구원을 갈망하게 된다. 마지막으로 삶의 개혁은 죄를 각성한 자가흔히 자신의 삶을 교정하고 정서를 바꾸는 일에 뛰어들게 되는 것을 의미한다. 하지만 결국 다시 실패하게 되고, 죄책감을 가중시키게 된다.

3) 예비 사역의 한계: 그 자체가 중생은 아니다

성령의 예비 사역을 받아들인 모든 사람이 구원에 이르는 것은 아니다. 성령의 조명을 받고 양심의 가책을 느꼈음에도 불구하고 최종적으로거듭나지 못하는 사람들도 있다. 이런 현상이 일어나는 이유는 성령께 있는 것이 아니라 이들에게 있다. 이들은 빛을 받았지만, 자신의 본성적인완악함(obstinacy), 복음에 대한 고의적인 거부, 그리고 세상적인 욕망 때문에 성령의 역사를 끝까지 거부하기 때문이다. 성경은 이러한 사람들을"성령을 거스르는 자들" 또는 "씨앗이 돌밭이나 가시떨기에 떨어진 자들"로 비유하며, 그들의 멸망은 성령의 역사가 불완전해서가 아니라 그들의책임임을 명확히 한다.

2.3. 오류에 대한 반박과 실천적 권면

1) 도덕적 설득론(moral suasion) 반박

오웬은 중생을 단순히 예비적인 사역이나 말씀의 도덕적 설득에 대한인간 의지의 반응으로 보는 관점(펠라기우스주의 등)을 강력히 반박한다. 예비 사역은 오직 외적인 방편을 통해 마음을 준비시키는 것일 뿐이며, 영적인 생명을 주입하는 창조적인 행위인 중생 자체는 아니라고 주장한다.

2) 실천적 권면

여기서 오웬은 성령의 예비 사역을 경험하는 모든 사람들에게 지금 가진 빛과 각성을 소홀히 여기지 말고 더욱 진지하게 사용하여 궁극적인 회심(중생)에 이르도록 노력할 것을 권면한다. 예비 은혜를 낭비하고 거부하는 것은 극악한 죄악이며, 영혼을 파멸로 이끄는 결과를 초래할 수 있음을 경고한다.

2.4. 실천적 / 목회적 적용

1) 전도와 설교 사역

a. 전도의 개념에 대한 재고: 오늘날 많은 사람들이 사용하는 전도의 개념은 불신자들이 교회에 등록하고, 교회에서 시행하는 종교적인 의무를 감당하며, 교회의 활동에 참여하는 것일 경우가 많다. 하지만 진정한 의미에서 전도는 목사가 율법과 복음을 선포할 때에 성령께서 죄인의 지성을 조명하시고, 그 결과 양심이 죄를 각성하도록 하시는 사역을 통해서 이루어 진다.

b. 율법과 복음의 균형: 설교자는 죄인의 영혼이 죄를 각성하고, 복음의 은혜를 충분히 누릴 수 있도록 말씀을 전하는 일에 힘써야 한다. 특히 거듭남을 준비하시는 성령의 예비적인 사역을 생각해 보면, 죄의 각성이 일어나도록 양심을 자극하는 율법의 바른 선포가 요청된다. 많은 교회에서 예배에 참석한 사람들의 기분을 상하지 않게 하기 위해서 죄를 진지하게 설교하는 일이 드물어진 우리 시대에 매우 필요한 부분이라고 할 수 있다. 하지만 죄에 대한 선포가 설교의 궁극적인 목적이 아니라 복음을 소개하기 위한 과정임을 기억해야 한다.

2) 성도들의 영적 상태에 대한 바른 판단

a. 목회자는 교인들의 영적 상태가 어떠한지를 바르게 판단할 수 있어야 한다. 아직 중생하지 않고 예비적인 사역 가운데 있는 사람들이 스스로를 중생한 그리스도인으로 생각하지 않도록 도와야 한다.

b. 목회자는 교회 내에 있는 이들 가운데, 겉으로는 신실한 그리스도인처럼 보이지만 실제로는 중생에 이르지 않고 예비적인 사역 가운데 있거나 여전히 죄의 권세 아래 있는 이들을 분별하고, 그들에게 합당한 말씀을 전해야 한다.

c. 예비적 사역을 거부하지 않도록 교육: 성령께서 죄를 각성시키는 예비적인 사역을 거부하는 일이 없도록 이 예비적인 사역에 대한 사항을 가르쳐야 한다. 이를 통해서 성도들이 성령의 예비적인 사역에 참여하는 것을 기대하고, 그 일에 진지하게 응답할 수 있도록 동기를 부여할 수 있다.

3. 죄로 말미암아 부패한 사람의 지성

존 오웬은 이 장에서 중생(거듭남)이 왜 절대적으로 필요한지에 대해서 논의하면서, 그 근거를 인간의 타락한 본성, 특히 "지성(mind)"의 부패를 철저히 분석하여 논증한다. 그는 타락한 인간의 지성은 영적인 것을 깨닫는 데 완전히 무능하며, 오직 성령의 초자연적인 조명(illumination)만이 이 문제를 해결할 수 있다고 말한다.

3.1. 중생의 필요성: 전적 타락과 지성의 부패

1) 인간의 지성은 전적으로 타락했다

중생이 필요한 가장 근본적인 이유는 인간의 본성이 아담의 타락 이후 전적으로 부패했기 때문이다. 이 부패는 단순히 삶의 습관이나 외적인 행동에 국한되지 않고, 인간의 핵심적인 기능인 지성(mind, 이성)과 의지(will)에까지 미쳤다. 이 가운데 오웬은 이 장에서 특별히 지성(이해력)의 타락에 집중한다. 지성은 인간 본성의 가장 존귀하고 통치하는 자리에 위치하며, 지성이 영적인 것을 깨닫지 못하면 다른 기능들도 바르게 작용할 수 없다고 본다.

2) 영적인 것에 대한 지성의 무능력

타락한 지성은 하나님의 영광에 관한 진리, 그리스도의 복음의 신비, 하나님의 뜻과 영적인 거룩함과 같은 "영적인 것"을 올바르게 인식하고 이해하는 데 완전히 무능하며 어둡다. 성경은 타락한 인간을 "소경"이라고 칭하며, 그들의 마음이 "어두워져 있다"고 묘사한다. 이 어둠은 단순한 무지가 아니라, 죄로 인한 적대감과 왜곡된 판단력을 동반한다.

3.2. 자연인에게 속한 이성(reason)의 한계

1) 자연인의 이성이 할 수 있는 것

오웬은 자연인의 이성이 자연 만물에 대한 지식, 철학, 도덕, 시민 사회에서의 질서와 같은 영역에서는 뛰어난 능력을 발휘할 수 있음을 인정한다. 이러한 능력은 하나님의 창조 질서와 일반 은총으로 부여된 것이다.

2) 자연인의 이성이 할 수 없는 것

자연인의 이성은 구원에 필요한 영적인 것, 즉 하나님의 영광을 위한 거룩한 생활에 대해서는 무지하며 무능하다. 자연인은 복음의 진리를 들을 수는 있지만, 그것을 영적인 실재(spiritual reality)로 깨닫고 진정으로 복음을 사랑하고 받아들이는 일에는 실패할 수밖에 없다. 자연인의 이성은 복음을 "어리석은 것"으로 여기며 적대시한다. 또한 자연인은 하나님의 거룩한 뜻을 알 수 있어도, 그 뜻을 사랑하고 기뻐하며 순종하고자 하는 영적인 경향성을 가지지는 못한다.

3.3. 중생: 성령의 초자연적인 조명

1) 중생은 지성의 회복을 의미한다
따라서 중생은 타락으로 인해 어두워지고 부패한 지성을 새롭게 회복시키는 성령의 창조적인 사역을 통해 시작되어야 한다. 중생은 지성에 새롭고 영적인 생명의 원리를 주입하며, 이로 인해 비로소 지성은 하나님의 형상(image of God)을 회복하기 시작한다.

2) 성령의 조명(illumination)의 본질
성령께서는 말씀을 방편으로 사용하시되, 말씀과 함께 초자연적인 힘과 빛을 발휘하시어 타락한 지성을 치료하고 새롭게 하신다. 이를 성령의 조명(divine illumination)이라고 한다. 이 조명은 단순히 정보를 주거나 이성적으로 설득하는 것이 아니라, 영혼이 영적인 사물들이 영적으로 아름답고, 선하며, 진리라는 사실을 실제적으로 인식하도록 하는 내면의 역사를 의미한다. 이 영적인 시야(spiritual sight)가 있어야만 죄인은 자신의 비참함을 깨닫고, 그리스도의 구속 사역의 위대함과 아름다움을 인정하며, 진정으로 그분에게 나아갈 수 있게 된다.

3.4. 결론: 지성의 부패와 성령의 주권적 은혜

인간의 지성이 죄로 인해 이토록 철저히 부패했기 때문에, 인간 스스로는 자기 자신을 거듭나게 하거나 구원의 길로 인도할 수 없다. 오웬은 중생이 오직 성령의 절대적인 주권과 능력에 의해서만 가능하며, 이 지성의 회복 없이는 영적인 생명과 거룩함, 그리고 참된 순종이 불가능하다는 사실을 강력하게 주장한다.

3.5. 실천적 / 목회적 적용

1) 인간의 한계에 대한 분명한 이해

인간의 타락의 범위와 정도에 대해 분명히 이해하는 것은 목회자와 각 개인에게 모두 절대적으로 중요하다. 목회자는 성도들이 자신의 이성을 신뢰하거나 자신 안에 내재하는 능력에 따라 신자가 될 수 있다는 생각을 가지지 못하도록 인간의 전적 타락에 관한 교리를 잘 가르쳐야 한다. 교인들도 단순히 자신의 노력이나 도덕적인 능력이 자신의 구원에 아무런 기여를 할 수 없다는 사실을 깨닫고 오직 성령의 역사만이 자신의 영혼을 새로 나게 할 수 있음을 기대해야 한다.

2) 지적인 교만으로 인한 복음에 대한 적대감 해소

기독교 신앙을 합리적으로만 이해하려는 사람들이 복음을 어리석은 것이나 비합리적인 것으로 여기는 현상의 근원이 바로 인간의 타락과 부패에서 비롯된다는 사실을 교인들에게 알려줘야 한다. 복음이 말하는 진리가 그들의 눈에 비합리적으로 보이는 이유는 그들의 지성이 타락했기 때문이다. 그러므로 성도들은 단순히 성경과 복음 진리를 자신의 이성적 능력으로 이해하려는 태도에서 벗어나, 말씀을 읽고 들을 때마다 성령께서 자신의 눈을 밝혀주실 것을 구하도록 가르쳐야 한다.

3) 설교에 대한 준비

하나님의 말씀의 능력이 내재한 인간의 이성적 능력에 의해서 신자의 영혼에서 나타나는 것이 아니라 성령의 조명이 부패한 인간의 지정의를 깨우는 일이 필수적이라는 사실을 믿을 때, 설교를 대하는 목사와 성도의 태도는 변화될 수밖에 없다. 오늘날 많은 목회자들은 설교를 이성적이고 합리적으로 주해하고, 효과적으로 전달하는 기술에 많은 시간과 노력을 들이지만, 성령의 능력과 은혜를 구하는 일에는 소홀히 하는 경향이 있다. 하지만 참된 설교의 능력은 성령께서 말씀과 더불어 교인들의 부패한 지성에 조명하시고, 그들의 정서와 의지가 그에 따르도록 역사하실 때 나타난다. 그러므로 설교자는 충실히 설교문을 준비하는 일도 중요하지만, 그보다 성령께서 설교자 자신의 심령과 성도들의 심령에 역사하실 것을 더욱 중요하게 여겨야 한다. 마찬가지로 성도들도 이 진리를 깨달아 하나님의 말씀을 듣거나 읽는 일을 하기 전에 반드시 자신의 능력이 아니라 성령의 은혜와 조명을 구해야 한다. 특히 주일 예배 시에 선포되는 말씀을 바르게 이해하고 적용할 수 있도록 미리 가정에서, 그리고 개인적으로 기도하며 준비하는 생활을 하도록 해야 한다.

4. 사망과 생명의 영적 실상 비교

존 오웬은 이 장에서 인간의 타락한 상태와 중생을 통해 얻는 영적 상태를 대조적으로 비교함으로써, 중생의 필요성과 성령의 사역이 얼마나 근본적인 변화를 가져오는지를 입증한다. 여기서 오웬은 주로 성경적 용어인 "사망"과 "생명"을 사용하여, 인간이 죄로 인해 겪는 "영적 사망"의 철저함과 "영적 생명"이 가져오는 새 피조물의 본질을 명확하게 보여준다.

4.1. 인간의 비참한 상태: 영적 사망

1) 영적 사망의 본질

a. 인간은 전적으로 죽은 상태: 타락한 인간의 상태는 단순히 "약하거나 병든" 상태가 아니라, "영적으로 죽은" 상태다(엡 2:1, "너희의 허물과 죄로 죽었던 너희를 살리셨도다").

b. 영적 사망의 의미: 이 사망은 육체적인 죽음이 아니며, 영혼이 영적인 것들을 감지하고 반응하는 능력의 상실을 의미한다. 영적으로 죽은 자는 하나님의 진리, 거룩함, 그리고 그리스도의 은혜에 대해 아무런 반응이나 관심을 보일 수 없다.

2) 영적 사망의 특성

a. 무감각(insensibility): 죽은 자가 이 세상의 감각적 사물에 반응하지 못하듯이, 죄인은 하나님의 심판, 진노, 영적인 아름다움에 대해 무감각하다.

b. 부패(corruption): 육체적인 사망이 부패를 초래하듯이, 영적 사망은 죄와 탐심이라는 부패를 필연적으로 동반하며, 이 부패가 죄를 향한 경향성을 강화한다.

3) 사망 상태의 철저함

이 사망은 인간의 본성 전체에 걸쳐 존재한다. 지성, 의지, 정서 등 인간의 모든 기능이 죄의 오염과 사망의 권세 아래 있다. 뿐만 아니라 죽은 자가 스스로 자신을 살릴 수 없듯이, 영적으로 죽은 죄인 역시 스스로 영적인 생명을 얻거나 자신을 도덕적으로 참되게 개혁할 수 없다.

4.2. 구원의 상태: 영적 생명

1) 영적 생명의 본질과 동인

영적 생명은 새로운 창조 사역의 결과다. 영적 생명은 오직 성령의 능동적이고 창조적인 역사에 의해서만 부여될 수 있다. 성령께서는 마치 죽은 자를 살리시는 하나님의 전능한 능력(그리스도의 부활 능력)으로 죄인에게 새 생명을 주입하신다. 또한 영적 생명이란 영혼이 하나님을 향해 다시 살게 되는 것을 의미한다. 영적 생명을 얻은 사람은 비로소 하나님의 음성을 듣고, 하나님의 뜻을 이해하며, 하나님께 기꺼이 순종하고자 하는 능력을 부여받는다.

2) 영적 생명의 특성(새 피조물의 특성)

영적 생명의 첫 번째 특성은 영적 감각의 회복이다. 영적 생명은 새로운 감각(영적 지각)을 제공하여, 신자로 하여금 이전에 인식하지 못했던 하나님의 거룩함, 은혜, 영광의 아름다움을 깨닫게 한다. 이 영적 생명은 새로운 원리가 주입된 결과로 주어진 것이다. 성령께서는 영혼 안에 거룩함과 의로움의 새로운 원리(principle of grace)를 심어주신다. 이 원리는 신자가 죄를 미워하고, 하나님을 사랑하며, 그분의 계명에 순종하도록 이끄는 내면의 동기가 된다. 더 나아가 영적 생명은 새로운 능력을 부여한다. 영적 생명은 신자에게 이전에 없었던 영적인 능력을 부여하여, 스스로는 할 수 없었던 믿음, 소망, 사랑과 같은 은혜의 행위를 할 수 있게 한다.

4.3. 결론: 중생의 절대적인 필요성 확증

이 사망과 생명의 대조는 중생(거듭남)의 절대적인 필요성을 강력하게 보여준다. 인간의 상태가 도덕적 개혁만으로는 충분하지 않은 "사망"의 상태이므로, 그 치료법은 단순한 교육이나 권면이 아닌 "생명"을 부여하는 창조적인 행위, 곧 중생이어야만 한다. 오웬은 이 장을 통해 인간의 절망적인 상태와 하나님의 성령의 놀라운 구원 역사를 대비시키며, 구원의 모든 영광을 오직 하나님께만 돌리는 개혁주의 신학의 입장을 확고히 한다.

4.4. 실천적 / 목회적 적용

1) 영적 사망의 현실에 대한 담대한 선포

현대 교회는 교인들의 기분을 상하지 않게 하기 위해, 성경이 말하는 인간의 실재를 완화하고 부드럽게 소개하는 경향이 있다. 이러한 접근은 진실이 아닐 뿐만 아니라 인간이 처한 가장 중요한 문제에 대한 해답을 찾는 데 심각한 장애를 초래한다. 죄인들은 단순히 연약한 사람 혹은 상처받은 존재가 아니라 영적으로 죽은 자들이다. 그러므로 그들에게는 생명을 향한 그 어떤 내재적인 능력도 없으며, 스스로 자신의 비참한 운명을 해결할 수 있는 능력이 전혀 없다. 설교자가 이 사실을 분명히 전해야 교인들은 그에 따른 올바른 해결책을 구하게 된다. 적어도 자신에게는 구원의 가능성이 없음을 알고, 자신 밖에서 구원을 구하게 되는 것이다. 바로 하나님의 전적인 은혜다.

2) 도덕적 갱신과 중생의 구분

이 둘을 구분하는 것은 신자의 자기 인식에서 매우 중요하다. 왜냐하면 영적으로 죽은 사람들도 자신에게 있는 지혜나 의지를 통해서 이 세상의 기준으로 볼 때 도덕적인 훌륭한 삶을 살 수 있기 때문이다. 많은 경우 교회는 세상적인 의미의 도덕적 기준과 하나님을 기쁘시게 할 수 있는 중생의 열매로서의 경건하고 거룩한 삶을 잘 구분하지 못하거나, 아예 이 구분을 가르치지 않는 경우가 많다. 목사는 세상에 속한 도덕적인 삶이 죄의 오염과 사망의 권세에서 벗어난 증거가 아니라는 사실을 성령의 역사로 말미암는 영적인 생명이 산출하는 열매와 비교하여 바르게 설명해야 한다. 이때 교인들은 자신의 영적인 상태에 대해서 오해하지 않고, 하나님의 은혜와 인간의 책임 사이의 관계를 바르게 이해할 수 있을 것이다.

3) 환란 가운데 소망의 근거가 되는 영적 생명

목회자는 영적 생명의 상태와 생명이 있는 자에게 주어진 약속을 영적인 죽음의 상태와 대비하여 교인들에게 가르쳐야 한다. 그래서 자신의 삶에 고난이나 어려움이 있을 때, 교인들이 위로와 소망을 가지되, 그 근거가 미래에 대한 막연한 기대가 아니라 이미 자신에게 주어진 영적 생명과 그 생명이 있는 자에게 주어진 하나님의 약속이 될 수 있도록 해야 한다.

4) 거룩함의 새로운 원리 강조

중생을 통해 심겨진 영적 생명의 새로운 원리는 기도, 말씀, 성례 등과 같은 은혜의 방편을 통해서 양육되어야 한다는 사실을 가르쳐야 한다. 신자의 선행은 도덕적인 교화나 인간의 내재적인 능력의 강화에서 비롯되는 것이 아니라 본질적으로 영적인 것이며, 중생을 통해서 부여된 새로운 생명의 원리에서 나오는 것이므로, 이 새로운 영적 생명의 원리에 합당한 수단을 강조해야 한다. 그렇게 할 때, 성도들은 율법적인 의무감이나 외적인 규율 때문에 억지로 순종하는 율법주의를 멀리하고, 생명에 대한 내적인 기쁨과 영적인 감각으로 말미암는 자원하는 마음으로 순종하는 복음적인 거룩함을 추구하게 될 것이다.

5) 영적 감각의 소생을 통한 영적 분별력의 회복

중생은 영적 생명이 들어오게 되는 것을 의미한다. 영적 생명은 새로운 영적인 감각과 기능을 부여하여서, 참된 아름다움과 거룩함을 분별할 수 있게 된다. 이 사실은 목회자와 성도 모두에게 의무를 부여한다. 목회자는 성도들의 회복된 영적 감각이 계속해서 그 기능을 유지할 수 있도록 성도들이 은혜의 수단을 사용하도록 독려해야 하며, 성도들은 자신의 신앙이 단순한 지적인 동의에 머물지 않고 영적인 아름다움을 분별하고 있는지 점검해야 한다.

5. 거듭남의 본질과 동인과 방편

오웬은 이 장에서 앞선 장들에서 논증된 중생의 필요성(인간의 타락과 사망 상태)을 바탕으로, 중생이 실제로 어떤 방식으로 일어나는지에 대한 핵심적인 교리적 원칙을 제시하고 있다. 이 장의 가장 중요한 논점은 거듭남은 오직 성령의 직접적이고 불가항력적인(irresistible) 사역을 통해서만 이루어지며, 말씀은 단지 그 역사의 외적인 방편일 뿐이라는 사실을 전하는 것이다. 이는 당시 유행하던 아르미니안주의나 도덕적 설득론에 대하여 분명하게 반박하는 것이다.

5.1. 거듭남의 외적 방편: 말씀 설교

1) 말씀의 역할과 한계

a. 외적인 방편: 거듭남에 있어서 말씀 설교는 성령께서 복을 주시고 사용하시는 일반적인 외적인 방편이다. 말씀은 율법과 복음의 진리를 제시함으로써 사람들의 지성에 도덕적(윤리적)인 작용을 일으킨다.

b. 도덕적 설득: 말씀은 죄인들에게 회개의 동기를 부여하고, 삶의 개혁을 촉구하며, 구원의 길을 가르치는 도덕적인 설득력을 가진다.

c. 본질적인 한계: 그럼에도 오웬은 말씀 자체의 능력만으로는 영적으로 죽은 인간을 거듭나게 하는 데는 본질적으로 부족하다고 강조한다. 말씀은 생명을 주입하는 창조적인 힘이 아니라, 단지 외적인 도구일 뿐이다.

5.2. 거듭남의 유효한 동인: 성령의 직접적인 역사

1) 성령의 직접적인 역사의 필수성

a. 창조적인 행위: 중생은 단순히 말씀의 설득에 대한 인간의 이성적 동의가 아니다. 이는 하나님께서 무에서 유를 창조하신 것과 같이, 성령의 권능과 은혜가 직접적이고 실질적으로 영혼에 작용하는 창조적인 행위이다.

b. 영적 생명의 원리 주입: 성령께서는 이 창조적인 역사를 통해 영혼 안에 영적 생명이라는 은혜의 원리를 효과적으로 주입(implant)하신다. 이 새로운 원리야말로 죄인을 거룩한 삶으로 이끄는 내면의 힘이다.

c. 권능의 지극히 크심: 성경(엡 1:19)이 묘사하는 성령의 역사는 "그의 힘의 강력으로 역사하심을 따라 믿는 우리에게 베푸신 능력의 지극히 크

심"이다. 오웬은 이 능력을 통해서 우리가 그리스도를 죽은 자 가운데서 다시 살리신 전능하신 하나님의 권능과 동일한 성질의 역사라는 사실을 분명히 알 수 있다고 주장한다.

2) 성령의 내면적 효능의 특징: 불가항력적 은혜

a. 틀림없는 효능: 거듭나게 하시는 성령의 내면적 효능은 틀림이 없고(infallible), 그 효능에 대하여 저항할 수 없는 불가항력적(irresistible)인 성질을 가진다. 성령께서 은혜의 역사를 시작하시면, 의도하신 목표인 중생을 반드시 이루어내신다.

b. 저항을 극복: 인간의 완고함이 이 은혜에 대하여 저항하지만, 성령의 권능은 그 모든 저항을 극복하고 영혼을 사로잡는다. 이는 구원의 모든 영광이 인간의 의지가 아닌 하나님의 주권적인 은혜에 있음을 확증한다.

c. 강압이 아닌 자원하는 순종: 오웬은 불가항력적 은혜가 인간의 의지를 강압(coercion)하는 것을 의미하지 않는다고 해명한다. 오히려 성령께서는 의지 자체를 새롭게 하고, 선한 것을 합당하게 생각하며 기꺼이 순종하도록 이끄시는 방식으로 역사하신다. 이로 인해 죄인은 더 이상 복음을 거부하지 않고 기꺼이 그리스도께 나아오게 된다.

5.3. 결론: 하나님의 전적인 사역

1) 인간의 무능력 재확인

이 모든 것을 통해 오웬은 거듭남의 과정에서 인간의 의지는 자신의 죄악으로 인해 영적 생명을 스스로 일으킬 능력이 없음을 재차 강조한다. "스스로 자신을 새롭게 태어나게 한다"는 주장은 성경뿐 아니라 이성에도 부합하지 않는 억지 주장이다.

2) 구원은 전적으로 하나님의 역사

오웬은 성경의 표현들(창조, 부활, 살리심 등)을 통해 거듭남은 우리의 의무나 힘이 아닌, 오직 하나님의 전적인 행사임을 분명히 한다.

이 모든 내용을 요약하면, 이 장은 중생의 유효한 동인(원인)은 성령의 초자연적인 창조 능력이며, 말씀은 그 능력의 외적인 방편으로서 사용될 뿐임을 교리적으로 확립하고, 구원의 전적인 주권을 하나님께 돌린다.

5.4. 실천적 / 목회적 적용

1) 중생의 원인에 대한 명확한 이해와 선포

중생이 인간의 내재적인 능력과 하나님의 도우심의 결합이라는 인식을 불식시키고, 오직 하나님의 불가항력적인 은혜가 내적으로 역사할 때 일어나는 새로운 창조 사역임을 강조해야 한다. 이를 통해 교인들이 헛된 노력과 수고를 하지 않도록 하고, 거짓된 확신에서 벗어나도록 도와야 한다.

2) 중생의 방편인 말씀에 대한 바른 이해

말씀은 성령께서 중생을 이루시는 가장 중요한 외적인 방편이다. 오해해서는 안 되는 것은 말씀이 그 자체로 내적인 능력을 가지고 있기 때문에 중생의 방편이 되는 것이 아니다. 말씀이 방편이 되는 이유는 성령께서 말씀을 통해서 역사하시기 때문이다. 그러므로 설교자는 성경이 가르치는 진리를 바르게 전하는 것이 주어진 역할이다. 설교자의 역할은 어떤 방법을 사용해서라도 죄인의 생활 태도를 변화시키거나, 종교적인 의무를 행하도록 만드는 것이 아니다. 심령의 변화는 인간의 능력으로는 불가능한 것이고, 성령의 사역인데, 성령께서는 반드시 말씀(진리)이라는 방편을 통하여 역사하시므로, 목사는 성경이 가르치는 진리의 말씀, 곧 율법과 복음을 바르게 전하기만 하면 된다. 그 다음은 성령께서 하신다.

3) 하나님의 아름다우심에 대한 증거

새로운 생명이 심겨진 결과 생겨난 새로운 감각 혹은 기능은 진정한 아름다움을 분별할 수 있는 능력을 가지고 있다. 그러므로 목사는 그 새로운 감각이 분별할 수 있는 참된 아름다움을 선포해야 할 의무가 있다. 다시 말하면, 목사는 이 세상의 관점으로 하나님의 아름다우심을 전하는 것이 아니라 영적인 의미에서 하나님과 그리스도께서 가지신 아름다움을 연구하고, 경험하고, 전파해야 한다. 이것이 중생한 신자가 하나님을 향해 살아가도록 하는 중요한 동기이다.

4) 신자의 영혼에 역사하는 불가항력적 은혜를 통한 구원의 확신

중생이 성령의 역사로서, 불가항력적 은혜의 결과라는 사실은 신자 자신의 능력에 따라 중생한 자신의 운명이 바뀔 수 없다는 사실을 확증한다. 성령께서 자신이 일으키신 역사를 취소하시거나, 실패하실 염려가 전혀 없기 때문이다. 이를 통해 성도들이 자신의 구원에 대해서 확신하되, 자신의 능력이 아니라 성령의 역사로서 확신하도록 해야 한다.

6. 어거스틴의 경우로 예증된 회심의 방식

제6장에서 오웬은 앞선 장들(중생의 본질, 필요성, 성령의 유효한 사역)에서 제시된 교리적 논증을 역사적이고 실천적인 사례를 통해 확증하려고 시

도한다. 위대한 교부 어거스틴의 극적인 회심 경험은 인간의 의지나 노력만으로는 불가능하며, 오직 성령의 직접적이고 압도적인 권능(불가항력적 은혜)만이 참된 중생을 일으킬 수 있음을 명확히 보여준다.

6.1. 어거스틴의 사례를 제시하는 이유

1) 교리의 실재적 증명

이 장은 중생이 단순히 신학적 논리가 아니라, 인간 영혼 속에서 실제로 일어나는 구체적이고 현실적인 하나님의 역사임을 증명하기 위해 기록되었다. 어거스틴은 당시 최고의 지성을 갖춘 사람이었으며, 동시에 극심한 죄악(성적 방탕, 마니교 이단)에 깊이 빠져 있었기에, 그의 회심은 인간 본성의 깊은 부패와 성령의 놀라운 치유 능력을 가장 극명하게 대비시켜 준다.

2) 회심의 고백(Confessions)의 증언

어거스틴이 자신의 영적 여정을 기록한 『고백록』(*Confessions*)은 성령의 역사에 대한 가장 위대한 증언 중 하나로 평가받고 있다. 오웬은 이 기록을 통해 성령의 유효한 은혜 교리를 뒷받침한다.

6.2. 어거스틴의 영적 투쟁과 성령의 역사

1) 도덕적 설득의 한계 증명

어거스틴은 밀라노의 암브로스 주교의 설교를 통해 지적으로는 기독교 진리의 우월성을 인정하고 마니교의 오류를 깨달았다. 그러나 그의 의지(will)는 여전히 죄의 습관과 육체의 정욕에 묶여 있었다. 이 경험은 말씀의 도덕적 설득(moral suasion)이나 지성적인 깨달음만으로는 죄의 사슬을 끊고 영적 생명에 이를 수 없다는 오웬의 주장을 실증한다.

2) 인간 의지의 철저한 무능력

어거스틴은 스스로 선한 삶을 살고자 고통스럽게 투쟁했으나 번번이 실패했다. 그가 "주여, 정결을 주시옵소서, 다만 지금은 마옵소서(Da mihi castitatem et continentiam, sed noli modo!)"라고 외친 유명한 일화는, 거듭나지 않은 인간 의지가 얼마나 비참하게 죄의 노예 상태에 놓여 있는지를 극명하게 보여준다. 이 투쟁은 오웬이 주장한 전적 타락 교리와 의지의 노예 상태 교리를 뒷받침한다.

3) 성령의 불가항력적인 개입

어거스틴의 회심이 최종적으로 결정된 순간은 그의 노력이나 결단이 아닌, 성령의 직접적이고 압도적인 개입을 통해서였다. 정원에서 고뇌하며 울고 있을 때 들려 온 "집어 들어 읽으라(Tolle, Lege)"는 음성에 따라 성경을 펼쳤을 때(롬 13:13-14), 성령께서 그 말씀을 그의 마음에 권능으로 직접 적용하셨다. 어거스틴은 이를 그 말씀이 임하는 순간 "마음속 모든 의심의 어둠이 사라지고 평온한 빛이 쏟아져 들어왔습니다"라고 고백한다. 이는 성령께서 인간의 완고한 의지를 극복하고 영적 생명을 주입하시는 불가항력적 은혜(irresistible grace)를 잘 보여주는 최고의 예시라고 할 수 있다.

6.3. 결론: 중생은 성령의 권능이다

어거스틴의 회심 사례는 중생은 인간의 본성 회복이 아닌 새 창조의 역사이며, 오직 성령의 유효하고 직접적인 사역을 통해서만 죄의 깊은 권세를 깨뜨릴 수 있다는 오웬의 핵심 교리를 역사적 사실로써 확증한다. 오웬은 이 사례를 통해, 중생은 단순히 교리 공부가 아닌 실제 영혼의 가장 깊은 곳에서 발생하는 하나님의 전능한 역사임을 다시 한번 강조한다.

7. 제3권의 내용에 대한 신학적 평가

7.1. 중생이 본성적으로 성령의 단독적(monergistic) 사역이라는 진리를 수호

오웬이 3권 전체를 통해서 일관되게 논박하고 있는 사상은 펠라기안주의와 같이 중생의 원인을 인간에게 두려는 사상이다. 은혜라는 용어를 사용하더라도 그 의미가 인간 안에 있는 능력을 강화하거나 그 능력이 드러나도록 돕는 의미로 사용되는 것을 배격한다. 반대로 오웬은 철저하게 중생을 성령께서 일으키시는 새 창조의 사역으로 돌리면서, 인간의 능력을 배제한다.

7.2. 성령의 단독사역인 중생에 말씀의 도구성을 확립하여 목회자와 신자 자신의 책임을 배제하지 않음

중생이 성령의 단독 사역인 것은 사실이지만, 그럼에도 불구하고 중생에 있어서 인간의 역할이나 책임이 완전히 배제되는 것은 아니다. 오웬은 중생의 외적인 방편으로 말씀을 제시한다. 이는 말씀이 목사를 통해서 선포되고, 중생의 당사자도 말씀이라는 은혜의 방편을 사용할 의무가 있음을 상기시킴으로써 인간의 역할이 도구적으로 사용된다는 사실을 잊지 않는다.

이로써 중생은 그 동인에 있어서 성령의 단독 역사이면서, 그 과정에 있어서 인간의 역할과 책임이 수반되는 사역으로 제시된다. 하지만 성령의 단독 역사라는 사실은 말씀을 전하는 설교자가 인간적인 웅변술에 의존하거나 성경을 인간의 이성에 어울리게 합리적으로 해석하거나 다른 심리적이고 감정적인 방편에 의지하도록 하지 않고, 하나님의 말씀을 순수하게 전하는 것을 목적으로 삼도록 만든다.

7.3. 인간의 전적 타락 교리와 불가항력적 은혜 교리의 확립

개혁 신학이 흔들림없이 강조했던 인간의 전적 타락과 구원(중생)에 있어서 하나님의 불가항력적 은혜의 교리가 확고하게 제시된다. 구원의 다양한 국면에 대한 설명 중에서도 이 중생 교리야말로 이 두 교리를 가장 분명하게 드러낼 수 있는 부분으로서 오웬의 중생론은 이를 충실히 반영하고 있다.

7.4. 중생 과정의 자세하고 신학적인 분석

성령의 예비적 사역과 중생의 실질적인 발생 과정을 신학적으로 잘 분석하고 있다. 영적 사망 상태에서 시작하여, 성령께서 말씀(율법)을 통해 행하시는 예비적 사역의 중요성(조명, 죄의 각성)을 제시한다. 현대 교회에서는 주로 중생의 증거로서 감정적인 회개, 일시적인 눈물, 혹은 종교적 활동에 대한 열심을 중생의 열매로 제시하지만, 오웬의 이와 같은 분석은 교인이 자신의 영적인 상태를 점검할 수 있는 기초를 제공한다.

7.5. 성령의 예비적 사역에 대한 강조

최근 한국교회에서 있었던 회심 준비교리에 대한 논쟁은 현대 교회가 얼마나 개혁파 중생교리에 무관심하고 무지한지를 잘 보여주는 사례라고 할 수 있다. 오웬을 비롯한 청교도들과 16, 17세기 개혁파 신학자들은 중생 혹은 회심이 일어나기 전에 보통의 경우 성령께서 죄인의 심령을 기경하는 사역을 하신다는 사실을 가르쳤다. 이 예비적 사역은 인간이 감당하는 사역이 아니라 성령의 사역으로서 실질적인 중생을 위해서 예비하시는 은혜의 역사다. 하지만 이 예비적 사역 자체는 중생이 아니며, 중생 전에 주어지는 역사다. 여기서는 하나님의 말씀 중에 율법이 방편으로 사용되며, 성령께서는 이 율법을 조명하시어 죄를 각성하게 하시는 역할을 한다.

7.6. 중생과 회심의 개념이 명확히 분리되지 않음

존 오웬이 활동하던 17세기 중후반은 16세기부터 발전되던 개혁신학이 성숙되고, 보다 완성된 형태로 모양을 갖추던 시기였다. 특히 구원론에 대한 청교도들의 관심은 중생과 회심에 대한 교리를 매우 정교하게 세우는 데 큰 공헌을 했다. 하지만 이 시기에 현대적 의미의 중생과 회심 개념은 아직 형성되지 않았다. 오웬도 이 책에서 중생과 회심을 거의 동의어로 사용하고 있음을 알 수 있다. 이후 전개된 개혁신학에서는 중생이 최초로 새 생명의 원리가 주입되는 현상을 지칭하고, 회심이 그 이후 인간이 새로운 본성의 역사에 따라 죄에서 돌이켜 하나님을 향하는 첫 믿음의 발휘로 보는 경향이 있다.

하지만 오웬은 중생 혹은 회심이라는 용어를 동의어로 사용하는데,

그 이유는 이 용어들을 넓은 의미에서 이 두 가지 개념을 모두 포괄하는 것으로 사용하기 때문인 것 같다. 하지만 이 두 용어를 약간 구별되는 의미로 사용하는 것처럼 여길 수 있는 부분도 있는데(697-8), 이 두 용어를 동일하게 사용하면서도, 때에 따라서 중생은 처음 새로운 생명이 주입되는 사건으로, 회심은 그 이후 믿음에 따른 인간의 능동적인 행위를 가리키는 것처럼 보인다.

05.
존 오웬의 『성령론』
제4권 핵심 요약·평가·적용

박재은 · 총신대학교 신학과, 조직신학 교수

1. 들어가는 글

모든 일은 다 삼위일체 하나님의 역사다. 그 이유는 모든 일의 시작이 삼위일체 하나님의 '내적 사역' 즉 영원 전 작정(作定)에 궁극적으로 근거하기 때문이다.[1] 이것은 구원도 결코 예외가 아니다. 구원도 삼위일체 하나님의 사역이다. 특별히 삼위 중에서 성령 하나님이 구원의 '적용자'가 되신다.[2] 삼위일체 하나님의 제1위격이신 성부 하나님은 구원의 시작자이시고, 제2위격이신 성자 하나님은 구원의 실행자이시며, 제3위격이신 성령 하나님은 성부의 구원 작정과 성자의 구원 실행을 신자들의 삶에 구체적으로, 실존적으로, 실제적으로, 효과적으로 '적용'하시는 적용자이시다.[3]

존 오웬(John Owen, 1616~1683)의 『성령론』(Pneumatologia)[4]은 이 지점을 명확하게 드러낸 신학적 수작 중 수작이다. 특히 『성령론』 제4권 내용은 '성령론적 성화 교리'의 정수를 오롯이 담고 있다. 성화의 궁극적인 시작은 인간 스스로가 하는 것이 아니다. 성화의 시작은 성령 하나님께서 하신다. 오웬은 거룩한 영이신 성령 하나님께서 어떻게 신자의 삶 속에서 거룩을 불러일으켜 신자들로 하여금 성화의 삶을 능동적으로 살아내게 하는지에 대한 신학적 메커니즘을 『성령론』 제4권 전반에 걸쳐 효과적으로 담아냈다.[5]

---

1 박재은, 『삼위일체가 알고 싶다: 잘못된 삼위일체 하나님으로부터 탈출하라』(파주: 넥서스 CROSS, 2018), passim.

2 박재은, 『삼위일체가 알고 싶다』, 121~149.

3 박재은, 『삼위일체가 알고 싶다』, 121~149.

4 John Owen, 『성령론』, 서문강 역 (고양: 새언약, 2026). 영어 원문 온라인 자료는 다음을 참고하라. https://ccel.org/ccel/owen/pneum/pneum.toc.html

5 "성령께서는 새 창조를 시작만 하신 것이 아닙니다. 성령께서 그 일을 계속 하시며, 그 일의 효력을 유지하시고, 그 일의 완성까지 주장하십니다. 우리의 성화(sanctification)도 바로 그분의 새 창조의 일환입니다." Owen, 『성령론』, 113.

본 글의 논의 순서는 다음과 같다. 오웬의 『성령론』 제4권 총 8개 장의 내용을 '핵심 요약', '핵심 평가', '핵심 적용'이라는 카테고리 속에서 다룰 것이다. 먼저 각 장의 주된 논지를 알기 쉬운 필치로 핵심 요약할 것이고, 신학적인 장단점을 핵심만 간추려 평가할 것이며, 성도들을 위해 실천적 고찰을 제시하고, 삶의 자리에서 구체적으로 적용하도록 할 것이다. '요약-평가-적용'으로 이어지는 이런 담론의 구조는 '신학함'(doing theology)[6]의 본질이요 궁극적 목적임이 선명하게 드러날 것이다.[7]

2. 오웬의 『성령론』 제4권 핵심 요약·평가·적용

오웬의 『성령론』 제4권은 총 8장으로 구성되는데, 각각의 내용은 다음과 같다. 1장은 성화의 본질과 복음적 거룩함의 개념(The nature of sanctification and gospel holiness explained), 2장은 성화의 점진적 성격(Sanctification a progressive work), 3장은 믿는 자들만이 성화의 유일한 대상(Believers the only object of sanctification, and subject of gospel holiness), 4장은 죄의 오염의 실상과 죄를 정결하게 하심(The defilement of sin, wherein it consists, with its purification), 5장은 성령과 그리스도의 피로 씻어지는 죄의 더러움(The filth of sin purged by the Spirit and the blood of Christ), 6장은 성도의 성화를 위한 성령의 적극적인 행사(The positive work of the Spirit in the sanctification of believers), 7장 성결의 행위들과 의무들(Of the acts and duties of holiness), 8장은 죄 죽이기의 성질과 그 동인들(Mortification of sin, the nature and causes of it)이

---

6   박재은, 『쉬운 교리: 보통 사람을 위해 성경으로 풀어가는 조직신학』(서울: 생명의말씀사, 2025), 17~41.

7   '요약-평가-적용'의 담론을 성경적으로 묘사하면, '뿌리-줄기-열매'의 구조다. 이에 대한 구체적인 연구로는 박재은, "교회교육 혁신방안 고찰: 뿌리-줄기-열매라는 조직신학적 구조를 중심으로," 『교회교육·복지실천연구』 6.3 (2024): 135~147을 참고하라.

다. 지금부터 각 장의 주된 논지를 '핵심 요약', '핵심 평가', '핵심 적용'의 범주 하에서 구체적으로 고찰해 보도록 하겠다.

2.1. 성화의 본질과 복음적 거룩함의 개념[8]

1) 핵심 요약

오웬은 성화의 본질을 따져 물으면서 신학적 통찰력을 보여주고 있는데, 그 대표적인 예가 바로 성화의 근본 개념 정리를 통해 성화의 본질로 들어가기보다는 오히려 '성화의 주도자'를 확정함을 통해 성화의 본질로 들어가고 있다는 점이다. 오웬의 말을 들어보자.

> 사도는 우리 성화의 원천(author)은 오직 하나님이시라고 역설합니다. 하나님께서는 모든 거룩함(holiness)의 오직 유일한 샘이자 근원이십니다. 하나님으로부터 직접 그리고 즉시 나온 것이 아니고는 어떤 피조물 자체에도 거룩은 존재하지 않습니다. 사람이 처음 지으심을 받았을 때에도 그 자체 속에 거룩함이 존재하지 않았습니다.[9]

오웬은 성화의 근본 본질을 설명하며 성화의 '주 원천'(main author)를 끊임없이 '성령 하나님'께로 돌리고 있다. 그 이유는 그 어떤 피조물 자체에는 "거룩이 존재하지 않기" 때문이다.[10] 달리 말해, 만약 그 어떤 피조물이라도 그 안에 거룩이 존재한다면 그 거룩은 피조물로부터 나온 것이 아니라 모든 거룩함의 오직 유일한 '샘'이자 '근원'이신 하나님으로부터 나

---

8 Owen, 『성령론』, 113~153.

9 Owen, 『성령론』, 115.

10 Owen, 『성령론』, 115~116.

온 것이다.[11] 오웬은 이런 하나님 중심적인 성화론을 다음과 같은 문장으로 확증한다. "우리의 성화는 오직 하나님께서만 친히 하시는 일입니다. 하나님께서는 그 일이 친히 당신 자신께 속한 일이요 당신 자신의 은혜와 권능으로만 되는 일임을 아십니다. 그러므로 우리의 성화는 하나님께서 친히 하시되, 하나님 자신의 영광을 위하여 하시는 일입니다."[12]

그렇다면 성화의 유익은 무엇일까? 오웬은 성화와 '평강'을 효과적으로 연결시키고 있다. 이 역시 깊이 있는 신학적 통찰이다. 오웬은 성화와 평강의 관계성을 다음과 같이 묘사한다.

> 평강의 보편적인 본질에 관하여 강론하는 것이 우리가 지금 다루는 성화의 주제를 이해하는 데 필요합니다. 그렇다면 어떻게 그 평강이 모든 질서와 안식과 복락을 함축하고 있는지를 보여 드리고자 합니다. 그 모든 것 속에 평강이 존재하고 있습니다. 하나님을 평강의 하나님이라고 칭하는 것은 친히 평강을 소유하고 계시며 평강을 만들어 내시는 분이시기 때문입니다. 바로 그 요점이 주권자 하나님의 왕관에 박힌 영광의 보석입니다.[13]

오웬은 성화의 삶을 사는 것은 곧 삶 속에서 참된 '질서'와 '안식'을 누리는 것이라고 말하고 있다. 죄악 가운데 빠진 결과 성화의 삶이 깨질 때 가장 먼저 무너지는 것은 일상 속에서의 질서와 평강과 안식이다. 그 이유는 죄는 영적인 리듬감과 민감함을 낱낱이 깨뜨리기 때문이다.

오웬은 성화의 주도자인 하나님과 성화의 결과로서의 평강에 대해 깊

---

11 Owen, 『성령론』, 115.
12 Owen, 『성령론』, 116.
13 Owen, 『성령론』, 117.

이 있게 논의하면서 성화의 핵심 본질을 다음과 같이 요약하며 정리한다.

> 우리의 성화는 성령으로 말미암아 하나님께서 우리 본성 전체를 직
> 접 거룩하게 하시는 일이며, 예수 그리스도로 말미암아 수립된 하나
> 님과의 화평에서 난 것이다. 성화는 우리가 그리스도의 형상으로 변
> 화되어 하나님과 영원히 화평한 가운데서 책망할 것이 없는 자로 영
> 원히 보전되는 것이다. 하나님께서 우리에게 하신 언약의 조항에 따
> 라서 우리를 은혜로 끝까지 받으시는 것이다.[14]

이 요약 문장은 오웬의 『성령론』 제4권 전체를 이끌어 갈 수 있는 힘을
지닌 문장이다.

2) 핵심 평가

교회 역사 속에서 성화론은 '인간 중심적 성화론'과 '하나님 중심적 성
화론'이 늘 치열하게 다퉈왔다.[15] 이 다툼은 현재 진행형이다. 한국교회도
마찬가지이다. 온갖 종류의 율법주의와 신율법주의, 공로주의, 행위 구
원론적 행태가 한국교회 안에 가득하다.[16] 오웬의 신본주의적 성화론 전
개는 인본주의로 점철된 한국교회의 성화론에 따끔한 철퇴를 가하는 매
서운 회초리의 기능을 능히 감당하고 있다. 『성령론』 제4권 1장에서 보여
준 오웬의 가장 큰 신학적 미덕은 역시 성화의 원천(author)을 '성령 하나
님'으로 굳건하게 정초(定礎)시킨 모습에 있다.

게다가 제4권 1장에서 드러난 오웬의 신학적 탁월함은 성화와 평강을

---

14 Owen, 『성령론』, 119.
15 박재은, 『성화, 균형 있게 이해하기: 하나님의 주권 대 인간의 역할, 그 사이에서 바라본
    성화』(서울: 부흥과개혁사, 2017).
16 박재은, 『성화, 균형 있게 이해하기』, 83~116.

연결시킨 지점이다. 이는 대단히 실존적 고찰인데, 그 이유는 누구나 죄를 지으면 삶의 질서와 평강과 안식이 깨지는 것을 늘 경험하기 때문이다. 오웬의 이런 실존적 고찰은 또 다른 형태의 신학적 회초리가 되어서 오늘도 죄와 치열하게 싸우지만 넘어지고 또 넘어지는 성도들의 삶 속에서 따끔한 신학적 매의 역할을 능히 감당할 수 있다고 믿는다.

다만 살짝 아쉬운 부분은 성화의 주도자인 하나님을 매우 강조하다 보니, 자연스럽게 성화 속에서의 인간의 역할과 책임이 상대적으로 약화되지는 않을까라는 우려가 제기될 수 있다는 지점이다. 물론 『성령론』제4권 1장에서는 인간의 책임과 역할에 대해 구체적으로 언급하지는 않지만, 이후 장들에 가서는 오웬이 이 부분에 대해서 따로 구체적으로 논의하기 때문에, 이 우려는 한낱 기우(杞憂)에 불과하지 현실화된 걱정은 전혀 아니다.

3) 핵심 적용

성화의 주도자에 대한 오웬의 논의에서 '공로주의'의 신학적 폐해가 여실히 드러난다. 결국 잘된 것은 내가 잘해서가 아니라 하나님께서 그렇게 시작해 주셨기 때문이다. 내가 오늘 죄와 싸워 이겼다고 해서 그 승리는 궁극적으로 나의 것이 아니라 하나님께서 그렇게 역사해 주셨기 때문이다. 나의 신앙생활 속에서의 '잘 됨'은 내가 잘나서가 아니라 그 잘 됨을 선사해 주신 하나님이 선하고 아름답고 자비와 긍휼과 인자가 충만한 분이시기 때문이다. 이를 놓치면 결국 무럭무럭 싹트는 것은 헛된 공로주의에 근거한 자만과 교만뿐이다.[17] 당신은 과연 자만과 교만에 빠져 있는 자인가?

---

17 박재은, 『쉬운 교리』, 189~194.

2.2. 성화의 점진적 성격[18]

1) 핵심 요약

오웬은 성화의 점진성을 설명하기 위해 '중생' 개념과 대비 지점을 만들어 효과적으로 설명하고 있다. 그 이유는 중생과 성화는 같은 구원의 서정(the ordo salutis) 내에 있지만, 그 작동 방식이 선명히 구별되는 서정이기 때문이다. 오웬의 말을 들어보자.

> 성화는 그 일이 일어나는 방식에서 중생과 구분됩니다. 중생은 단회적 행사로 즉시 발생하는 성격을 가지고 있습니다. 거듭남은 과정이 아니어서 여러 정도로 나눠질 일이 전혀 아닙니다. 어느 사람이 더 거듭나고 덜 거듭나고 하는 일이 전혀 없습니다. 절대적으로 세상에 사는 모든 이들은 '거듭난 사람'이거나 '거듭나지 않은 자연인'이거나 둘 중 하나일 뿐입니다. 여러 이유로 사람들마다 그것이 보이는 정도는 다양할 수 있지만 본질은 동일합니다. 그러나 성화는 점진적인 과정입니다. 그렇기 때문에 성화에는 여러 단계가 있으며, 어떤 사람은 다른 사람보다 더 거룩하고 성화되었다고 말할 수 있습니다. 진정으로 거룩해진 사람들 사이에서도 그 정도에는 차이가 있을 수 있습니다. 성화는 즉시 시작되지만, 점진적으로 이루어져 갑니다.

오웬의 설명을 정리하자면, 중생은 '단회적'이나, 성화는 '점진적'이다.[19] 중생은 '정도의 차이'가 없지만, 성화는 '정도의 차이'가 있다.

---

18 Owen, 『성령론』, 155~197.
19 '점진적 성화'(progressive sanctification) 개념에 대한 구체적인 논의로는 다음을 참고하라. 박재은, 『성화, 균형 있게 이해하기』, 117~153.

오웬은 성화의 점진성에 대해 설명하면서 가장 강력한 예시를 들고 있는데 바로 '나무의 성장'과 관련된 비유다. "거룩함의 시작은 마치 밭에 던져진 씨와 같습니다 … 농부가 그것을 보호하고 양분을 주면 씨의 성질상 발아하고 뿌리가 내리고 자라 열매를 맺게 됩니다."[20] 오웬은 성화는 마치 농부가 심겨진 씨를 보호하고 영양분을 공급하고 때에 따라 햇빛과 물을 대주는 능동적이고도 점진적인 농사 행위와 유사하다고 설명한다. 물론 농사는 힘든 노동이다. 하지만 눈이 오나 비가 오나 정성껏 논밭을 가꾸다 보면 추수의 시절에 큰 수확을 얻어 기쁨으로 감격의 눈물을 흘리게 될 것이다. 성화도 마찬가지이다. 죄와 피 흘리기까지 싸우는 것이 대단히 힘들지만, 정성껏 내 안에 심긴 거듭남의 씨앗을 잘 가꾸다 보면 추수의 시절에 큰 수확을 얻어 기쁨으로 감격의 눈물을 흘리게 될 것이다.

특징적인 부분은 '위로부터 부어지는 비'의 개념이다.[21] 오웬은 제4권 2장에서는 성화의 과정 속에서 신자의 능동적이고도 점진적인 행위를 강조하지만, 동시에 제4권 1장에서 살펴본 대로 오웬은 여전히 하나님의 중심적인 성화론을 전개하고 싶어 했다. 그 대표적인 증거가 바로 '위로부터 부어지는 비' 개념이다.

> 나무나 식물은 반드시 위로부터 물을 부어 주어야 합니다. 그것이 아니라면 나무가 자기가 가진 진액만 가지고는 번성하여 자라지 못합니다. 그래서 가뭄이 오면 식물이 말라지고 쇠약해집니다. 그러므로 하나님께서 이 자라남을 언급할 때마다 '물 주시는 것'이 언급됩니다. "내가 이슬 같은 은혜를 주겠다. 내가 물을 부어 주리라"는 말

---

[20] Owen, 『성령론』, 158~159.
[21] Owen, 『성령론』, 176.

씀은 바로 성결이 성장하는 특별한 원인입니다.[22]

오웬은 성화라는 점진적 농사의 영역 속에서도 '위로부터 부어지는 비' 즉 하나님의 은혜 없이는 아무 일도 일어날 수 없음을 분명히 적시하고 있다.

2) 핵심 평가

오웬의 『성령론』 제4권 1장을 살피면서 들었던 작은 기우가 단순히 기우였을 뿐이라는 사실이 2장 내용을 살펴보며 명확히 드러났다. 1장에서는 성화의 주도권을 지나칠 정도로 하나님께만 돌려드리는 오웬의 모습이 드디어 점진적 성화 개념을 다루는 2장에서 드디어 좀 더 균형을 잡고 있음이 드러난다. 그 이유는 2장에서는 점진적 성화를 능동적으로 해나가야 할 주체를 인간으로 보고 있기 때문이다. 물론 인간 스스로 할 수는 없다. 그러나 여전히 인간이 해야만 한다. 물론 성령 하나님과 함께 해야한다.

다만 한 가지 아쉬운 부분은 소위 '결정적 성화'(definitive sanctification)[23] 개념 혹은 이에 준하는 개념을 '신학적 장치'로 지혜롭게 활용했다면 좀 더 성화의 영역 속에서의 하나님의 절대 주권과 인간의 책임·역할 사이의 균형을 전략적으로 잡았을 텐데라는 생각은 있다. 물론 오웬이 소위 결정적 성화 개념에 준하는 개념을 전혀 사용하지 않은 것은 아니다. 오웬도 17세기 신학의 맥락 속에서 결정적 성화 개념에 준하는 개념을 적극 사용했다. 그 증거가 바로 앞서 살펴 본 『성령론』 제4권 1장의 하나님

---

22 Owen, 『성령론』, 176~177.

23 Cf. 박재은, "결정적 성화 개념과 구원의 순서 사이의 관계성 고찰," 「조직신학연구」 27 (2017): 256~281.

중심적 성화 개념이다.[24] 그러나 좀 더 정교하게 개념 정리를 한 상태로 논의를 전개했으면 좀 더 날카로운 신학적 칼이 되었을 것 같다는 아쉬움은 살짝 있다.

3) 핵심 적용

개혁파 성화론은 '하이퍼 칼뱅주의'[25] 성화론과는 결이 아예 다르다. 하이퍼 칼뱅주의는 하나님의 절대주권'만'을 극단적으로 강조한 결과 인간의 역할과 책임이 상당 부분 거세된 신학이다. 하지만 오웬의 성화론은 다르다. 오웬의 성화론은 하나님의 절대주권으로 시작해(『성령론』, 제4권 1장), 인간의 책임과 역할에 대한 방점으로 논의의 장이 자연스럽게 넘어간다(『성령론』, 제4권 2장). 그 이유는 성화는 성령 하나님과 더불어 내가 해야 하는 거룩한 사역이기 때문이다.

성화 속에서 신자는 농부의 역할을 감당해야 한다. 아침 일찍 일어나야 한다. 잡초를 제거해야 한다. 비료와 물을 충분히 공급해 줘야 한다. 들짐승이 와서 농사를 망치지 않도록 노심초사 보호해야 한다. 힘든 노동이며, 때로는 고통스러운 노동이나. 하지만 이 힘든 노동 뒤에는 아름답고도 풍성한 결실이 충만하게 맺힐 것이다.[26] 여러분은 과연 어떤 농부인가?

---

24 Cf. Owen, 『성령론』, 113~153.
25 박재은, 『칭의, 균형 있게 이해하기: 하나님의 주권 대 인간의 역할, 그 사이에서 바라본 칭의』(서울: 부흥과개혁사, 2016), 36~41.
26 박재은, 『쉬운 교리』, 216~221.

2.3. 믿는 자들만이 성화의 유일한 대상[27]

1) 핵심 요약

오웬은 제4권 3장에서 성화의 대상에 대해 논하고 있다. 과연 누가 성화의 대상인가? 모든 사람들이 다 성화의 대상인가? 아니면 예수 그리스도 안에서 구원받은 사람만 성화의 대상인가? 오웬의 답변은 명확하다. 예수 그리스도를 믿음으로 구원받은 신자만 성화의 대상이다.[28] 오웬의 설명을 들어보자.

> 이제 우리가 알아보려는 주제는 성화, 곧 거룩하게 되는 인격적 대상이 누구이며 어떤 사람들인가 하는 것입니다. 결론부터 말하면, 성령께서 거룩하게 하시는 인격적 대상은 오직 예수 그리스도를 믿는 자들뿐이라는 것입니다. 예수 그리스도로 말미암아 하나님을 진실로 믿는 이들만 바로 거룩하게 되는 자들입니다. 하나님께 대한 복음적 순종은 바로 이들에게서만 나옵니다. 우리 구주께서 이들에게만 아버지의 자비와 은혜와 특권을 주시기를 기도하셨습니다. "그들을 진리로 거룩하게 하옵소서 아버지의 말씀은 진리니이다"(요 17:17).[29]

오웬은 성화의 대상은 '오직 예수 그리스도를 믿는 자들뿐'이라고 적시하고 있다.[30] 오웬은 이에 대한 성경의 증거로 "또 그들을 위하여 내가 나를 거룩하게 하오니 이는 그들도 진리로 거룩함을 얻게 하려 함이니이

---

27 Owen, 『성령론』, 199~233.
28 Owen, 『성령론』, 199.
29 Owen, 『성령론』, 199.
30 Owen, 『성령론』, 199.

다"(요 17:19)와 "내가 비옵는 것은 이 사람들만 위함이 아니요 또 그들의 말로 말미암아 나를 믿는 사람들도 위함이니"(요 17:20) 등을 인용하며 해석하고 있다. 즉 성화의 대상은 '진리로 거룩하게 된' 신자이며, 예수 그리스도를 '믿는 사람들'뿐이다.

오웬은 예수 그리스도 안에 있는 신자만 성화의 대상인 신학적 이유를 크게 네 가지로 제시한다. 첫째, "믿음이 없이는 하나님을 기쁘시게 하지 못하기"(히 11:6) 때문에 믿음이 있는 신자만 하나님을 성화의 삶으로 기쁘시게 할 수 있기 때문이다.[31] 둘째, 성경은 "나[예수 그리스도]를 믿어 거룩하게 된 무리 가운데서 기업을 얻게 하리라"(행 26:18)고 증거하기 때문이다.[32] 셋째, 성경은 "[하나님께서] 믿음으로 그들의 마음을 깨끗이 하사"(행 15:9)라고 증거하고 있는데 이는 믿음만이 우리 성화의 '도구적인 동인'[33]이 될 수 있기 때문이다.[34] 넷째, 성화는 아들 예수 그리스도의 형상을 닮아가는 과정인데, 아들 예수 그리스도의 형상은 신자만 닮아갈 수 있기 때문이다.[35]

2) 핵심 평가

전통적 보편 구원설과 더불어 가설적 보편 구원설까지 판을 쳤던 17세기의 신학적 맥락 속에서 '제한 속죄'(limited atonement)를 성화론적 맥락에서 부르짖었던 오웬의 신학적 공(公)은 크고 넓다. 특히 오웬은 『성령론』 제4권 3장에서 성경 신학의 정수를 보여주고 있는데, 제한 속죄에 대한 그 당시의 첨예했던 반론들을 설득력 있는 성경 구절로 낱낱이 깨부수는

---

31 Owen, 『성령론』, 213~214.
32 Owen, 『성령론』, 215.
33 칭의론과 성화론에서 사용하는 원인론에 대한 논의로는 박재은, 『칭의, 균형 있게 이해하기』, 20~23을 참고하라.
34 Owen, 『성령론』, 215~216.
35 Owen, 『성령론』, 217~218.

신학적 결기를 담대히 보여주고 있다.

게다가 제4권 3장에 나타난 오웬의 논증은 신학 본연의 성격을 잘 드러낸 논증으로 평가할 수 있다. 신학의 자료는 '일반 계시'와 '특별 계시'가 있는데, 성화는 일반 계시의 차원의 것이 아니라 특별 계시, 즉 진리로 거룩하게 된 사람들의 것이라는 사실을 명확히 드러냈다. 이는 결국 '착하게 살자' 식의 윤리 신학으로 변질되어 왔던 신학적 본질이 다시금 특별 계시의 빛 아래서 새롭게 직조되는 귀한 순간이다. 현재 신학계와 교계가 지나칠 정도로 일반 계시에 천착해 기독교가 '교양 수준' 혹은 '인문학 수준'으로 격하되고 있는 상황 속에서, 특별 계시에 입각한 제한 속죄 개념은 그 신학적 의미가 깊고 넓다.

3) 핵심 적용

성화는 그리스도를 믿는 신자만 할 수 있는 일이다. 그러므로 무엇인가를 하는 것(행위)보다 내가 무엇을 알고 무엇을 믿고 있는가(믿음)가 더 중요하다. "믿음은 들음에서 나며 들음은 그리스도의 말씀으로 말미암았느니라"(롬 10:17) 말씀처럼 성화의 삶을 '행하는 것'보다 더 중요한 것은 그리스도의 말씀을 듣고 '믿음이 나는 것'이다. 그 이유는 신자는 신앙 생활을 하는 사람이지, 생활 신앙을 하는 사람이 아니기 때문이다. 즉 열심히 생활을 했다고 해서 신앙이 생길 수 없다. 그것은 행위 구원이다. 오히려 정반대다. 신앙을 하기 때문에 생활하게 되는 것이다. 생활이 신앙을 이끄는 것이 아니라, 신앙이 생활을 이끈다.[36] 당신은 신앙−생활을 하고 있는가? 생활−신앙을 하고 있는가?

---

36 박재은, 『쉬운 교리』, 206~210.

2.4. 죄의 오염의 실상과 죄를 정결하게 하심[37]

1) 핵심 요약

오웬은 성화의 실제를 '죄 씻음'으로 이해한다. "이 성화의 일에 있어서 하나님의 성령께서 하시는 일로 가장 먼저 주목할 것은 죄의 오염을 씻고 우리 본성을 정결하게 하시는 일입니다."[38] 그렇다면 누가 죄를 정결하게 할까? 오웬의 답변을 들어보자.

> 이 일을 효력 있게 주도하시는 분은 성령이십니다. 그 말은 죄를 정결하게 하시는 일, 곧 성화의 일 전체가 성령께만 달려 있다는 뜻은 아닙니다. 다만 그 일을 위하여 성령의 역사가 가장 먼저 요구된다는 말입니다 … 그처럼 죄의 오염에서 우리를 정결하게 하시는 성령의 일을 제일 먼저 약속하신 것입니다. 그 후에야 우리가 하나님의 율례를 따라 행할 수 있게 되고, 하나님께 거룩한 순종을 드릴 수 있습니다 … 이같이 성령께서 모든 영적인 정화를 성취하시는 주도적인 동인이셔서 물이나 불에 비유됩니다.[39]

오웬은 죄 씻음의 주도자를 '성령 하나님'으로 명시하고 있고 성령 하나님은 죄 씻음의 주도를 '효력 있게' 하시는 분이라고 설명한다. 오웬은 정결의 영인 성령 하나님을 '물'이나 '불'로 비유하며 말라기 3장 2, 3절을 인용하며 묘사한다.[40] "그가 임하시는 날을 누가 능히 당하며 그가 나타나는 때에 누가 능히 서리요 그는 금을 연단하는 자의 불과 표백하는 자

---

37 Owen, 『성령론』, 235~262.
38 Owen, 『성령론』, 235.
39 Owen, 『성령론』, 235~236.
40 Owen, 『성령론』, 236.

의 잿물과 같을 것이라 그가 은을 연단하여 깨끗하게 하는 자 같이 앉아서 레위 자손을 깨끗하게 하되 금, 은 같이 그들을 연단하리니 그들이 공의로운 제물을 나 여호와께 바칠 것이라." 오웬은 말라기 본문을 해설하며, 정결의 영이신 성령 하나님은 마치 '표백하는 자의 잿물'처럼 더러운 부위를 씻길 것이며, 금과 은을 뜨거운 불로 제련하듯 모든 죄악을 말끔히 도말하실 것이라고 설득력 있게 강변한다.

그렇다면 거룩한 물과 불이신 성령 하나님은 정확히 무엇을 소멸하시고 무엇을 태우실까? 바로 '죄' 그 자체다. 오웬은 크게 두 가지를 지적한다. 첫째, 성령 하나님은 '본질상 우리 영혼의 모든 기능들 속에 상주하여 우리 인격의 영적이고 도덕적인 행사들의 원리'로 작동하는 죄의 오염을 지적한다.[41] 둘째, 성령 하나님은 '우리 인격의 더럽혀진 기능들로 인한 더러운 행위 전체'를 태우신다고 지적한다.[42] 특히 오웬은 '더러운 행위'를 '부패'와 '무질서'로 이해한다. 성화는 바로 일상 속에서의 이런 부패와 무질서를 성령 하나님과 더불어 깨끗하게 재편하고 질서를 재구성하는 사역임을 오웬은 다각도로 고찰하고 있다.

2) 핵심 평가

오웬은 『성령론』 제4권 4장에서 '인죄론'을 설득력 있게 다루고 있다. 이는 전통적인 조직신학 구조인 서론(성경론)−신론−인간론−기독론−구원론−교회론−종말론의 논제 하에서 유기적으로 움직이는 논의 구조인데, 즉 제4권 1~3장에서는 신론적 고찰을 하고(하나님의 절대 구권, 제한 속죄 등), 4장에서는 인간론의 한 영역인 인죄론적인 차원에서 성화의 본질을 꿰뚫어 설명하고 있다. 오웬의 논의 구조는 탄탄하게 조직화된 교의

---

41 Owen, 『성령론』, 252.
42 Owen, 『성령론』, 252~253.

학적 체계를 가지고 있고, 그 안에서 신약과 구약의 씨줄과 날줄이 얽히고설켜 단단한 성경 신학적 토대를 이룬 상태로 논의가 물 샐틈 없이 진행되고 있다.

게다가 오웬은 『성령론』 제4권 4장 전반에 걸쳐 비유와 상징을 적재적소에 잘 담아내 설득력 있는 논증의 재료로 사용하는 능수능란함을 보여주고 있다. 특히 성령 하나님을 '물'과 '불'로 묘사하면서 죄의 더러움과 오염을 정련하고 제련하는 모습을 상징적으로 잘 담아냈다. 이런 비유적 묘사를 통해 성령 하나님의 성화 사역이 보다 더 다채롭고 풍성하게 드러나고 있다.

3) 핵심 적용

오웬의 『성령론』을 읽는 것 그 자체는 성화가 아니다. 오웬의 신학을 탐구하고, 연구하여, 논문으로 담아내는 것 그 자체도 성화는 아니다. 성화는 실제적으로 죄와 싸우는 것이다. 오늘 하루를 살면서 내 안에 있는 죄의 오염들과 피 흘리기까지 싸워내는 지난한 싸움, 바로 그 싸움이 성화의 본질이다. 더러운 죄를 씻기시는 거룩한 영이신 성령 하나님과 더불어 내 안에 더러운 죄로 인해 더러워질 대로 더러워진 두루마기를 깨끗이 빨아야 한다.[43] 과연 당신은 더러운 두루마기를 매일매일 빨고 있는가?

2.5. 성령과 그리스도의 피로 씻어지는 죄의 더러움[44]

1) 핵심 요약

오웬은 성령과 그리스도를 통해 죄의 더러움을 매일매일 씻어야 한다

---

43 박재은, 『쉬운 교리』, 222~226.
44 Owen, 『성령론』, 263~333.

고 강변한다. 죄의 더러움은 그리스도의 피로 인해 씻겨지며, 그리스도의 속죄의 피를 우리에게 적용하는 분은 성령 하나님이시다.

오웬은 '죄를 씻는 샘에 나아가는 길'을 실천적으로 풍성하게 고찰한다.[45] 오웬은 죄를 씻는 샘을 익히 알고 그 본질과 효력을 알려고 힘써야 한다고 강력히 요청한다. 즉 '바른 지식'이 우선이다. 죄가 무엇이고, 그 죄를 씻는 샘이 무엇이며, 죄를 정결하게 하는 그리스도의 피의 언약적 의미는 무엇이고, 죄 씻음의 본질과 효력은 무엇인지를 정확히 알아야 한다.[46] 죄를 씻는 샘의 본질과 효력을 정확히 파악하기 위해서는 다음과 같은 노력은 필수다.

첫째, 성경을 상고해야 한다.[47] 오웬은 성경을 상고해야 하는 이유를 '우리 본성이 어떤 상태에 처했는지 파악'하기 위함이라고 기록했다.[48] 왜 인간 본성의 비참함을 알아야 할까? 그 이유는 인간 본성이 얼마나 비참한지 정확히 직시할 때에야 비로소 '은혜'가 얼마나 절실히 필요한지가 역설적으로 강하게 드러나기 때문이다.

둘째, 성경이 말하는 자신의 부패한 본성을 인정해야 한다.[49] 아는 것보다 더 중요한 것은 아는 것을 '인정'하는 것이다. 오웬은 다음과 같이 지적한다. "죄의 더러움에 관한 성경의 가르침을 읽거나 들으며 어느 정도 동의는 하면서도 자신의 영혼을 그 표준과 척도에 재어 보며 반성하지 않는다면, 그 읽은 것이나 들은 것이 그들에게 아무런 유익이 없습니다."[50] 단순한 동의는 부족하다. 철저한 인정이 그다음 행동을 이끌어 낸다.

---

45 Owen, 『성령론』, 295.
46 Owen, 『성령론』, 296.
47 Owen, 『성령론』, 297.
48 Owen, 『성령론』, 297.
49 Owen, 『성령론』, 297~298.
50 Owen, 『성령론』, 298.

셋째, 빛을 주시기를 기도해야 한다.[51] 오웬은 '본성의 자연적 빛'과 '초자연적 빛'을 극명히 대비시키고 있다. "단순한 본성의 빛만으로는 부족해서 혼란을 이길 만한 확연한 인식을 주지 못합니다 … 그것[인간 본성]을 알기 위해서는 하나님의 성령으로부터 나오는 초자연적인 빛이 있어야 합니다."[52] 주관적 계시의 빛 안에서는 혼탁함만 드러날 뿐이다. 오직 초자연적인 계시의 빛 안에서만 우리는 선명하게 바라볼 수 있다.

오웬은 성령의 인도를 따라 그리스도의 피로 죄 씻음 받은 자들이 마땅히 가져야 할 자세를 실천적으로 설득력 있게 제시하고 있다.[53] 첫째, 항상 자기를 낮춰야 한다. 둘째, 죄의 오염에서 건지신 하나님의 은혜를 영원한 감사의 주제로 삼아야 한다. 오웬이 제시하는 '자기 부인'과 '범사에 감사'는 삼위일체 하나님의 역사로 인해 구원받은 모든 사람들이 반드시 가져야 할 태도이며 자세이다.

2) 핵심 평가

오웬은 『성령론』 제4권 5장에서 '인식론'(認識論, Epistemology)을 전개하고 있다. 인간 본성이 얼마나 타락했는지, 얼마나 비참한지, 얼마나 구제 불능인지를 '인식'하는 방식은 주관적인 느낌도 아니고 외부의 평가도 아니다. 오웬은 인간의 죄성에 대한 바른 인식은 '초자연적인 빛'을 통해서만 가능함을 정확히 지적하고 있다. 초자연적인 빛이란 궁극적으로 '기록된 객관적 계시'인 성경을 뜻한다. 이는 소위 '개혁파 인식론'(Reformed Epistemology)과 인식론적 결을 함께 하는 것으로 마치 오웬의 인식론적 입장은 개혁파 인식론의 원형(proto type)으로 보이기도 한다.[54] 즉 개혁파 인

---

51 Owen, 『성령론』, 298.
52 Owen, 『성령론』, 299.
53 Owen, 『성령론』, 314.
54 Cf. Sherif Fahim, "Kantian Epistemology vs. Reformed Epistemology," Puritan Reformed

식론의 기본적인 입장은 인간 본성의 타락함을 인정하고, 인간 안에 본성적으로 내재되어 있는 신에 대한 감각을 인정하며, 타락한 본성을 해결할 유일한 길은 외부로부터 객관적으로 비추어지는 계시라는 사실을 인정하는 입장이다. 오웬의 『성령론』 제4권 5장 전반에 걸쳐 이런 개혁파 인식론적 사고 방식이 충실하게 작동하고 있다. 이는 많은 근현대 신학들이 얼마나 16~17세기 그 신학에 깊은 빚을 지고 있는지가 여실히 드러나는 한 장면이다.

3) 핵심 적용

성경은 영의 양식이다. 하루 밥 세 끼는 꼬박꼬박 챙겨 먹지만, 정작 영의 양식인 성경은 챙겨 먹지 않는다. 편식한다. 소홀히 한다. 심지어 맛없다고 잘 안 먹는다. 그 결과는 참담하다. 영적인 영양실조에 걸려서 하나님과 인간에 대해 바른 인식을 할 수 없다. 신자에게는 '자연적인 빛'보다 '초자연적인 빛'인 객관적 계시, 곧 성경이 필요하다.[55] 그러나 기록된 계시인 초자연적인 빛이 없으니 늘 앞길이 어두컴컴하다. 늘 앞길이 뿌옇다. 오웬이 잘 지적한 것처럼, 성화의 시작은 성경을 상고하는 데서 출발한다.[56] 당신은 성경을 가까이 하고 있는가? 아니면 성경을 한낱 장식물로 치부해 성경 위에 먼지만 점점 쌓여가고 있는가?

Journal, 12.1 (Jan 2020): 125~152; Gratian Vandici, "Reading the Rules of Knowledge in the Story of the Fall: Calvin and Reformed Epistemology on the Noetic Effects of Original Sin," Journal of Theological Interpretation, 10.2 (Fall 2016): 173~191.

55 박재은, 『쉬운 교리』, 65~68.

56 Owen, 『성령론』, 297.

2.6. 성도의 성화를 위한 성령의 적극적인 행사[57]

1) 핵심 요약

『성령론』제4권 1장에서 잘 피력된 것처럼, 오웬은 6장에서도 성령 하나님 중심적 성화론을 적극적으로 펼쳐나가고 있다. 특히 6장은 믿는 자들의 성화를 위해 신자의 영혼 전체에서 일하시는 성령 하나님에 대한 묘사가 주를 이룬다. 핵심 내용은 다음과 같다.

> 믿는 자들의 성화는 성령께서 그들 영혼 전체 속에서 일하시는 것이다. 성령께서는 그들의 지성과 의지와 감정, 그리고 은혜롭고 초자연적인 습관, 그들의 본성의 원리, 하나님을 향한 삶의 성향 속에서 역사하신다. 그 성령의 역사가 바로 거룩함의 본질이자 진수이며, 거룩함의 생명력과 존재 자체를 이룬다.[58]

오웬은 성령께서 성도의 성화를 위해 얼마나 적극적으로 역사하시는지를 설명하기 위해 '영혼 전체 속에서'라는 표현을 자주 사용한다. 특히 오웬은 이를 지 · 정 · 의 전인(全人)적 관점 속에서 설명하길 즐겨한다.[59] 즉 성령 하나님은 신자의 지적인 영역에서만 역사하지 않으신다. 또한 성령 하나님은 신자의 감정적인 부분 혹은 의지적인 부분에서만 독립적으로 역사하지 않으신다. 오히려 성령 하나님은 신자의 지 · 정 · 의의 모든 영역 속에서 적극적으로, 능동적으로, 실존적으로, 실제적으로 역사하신다.[60]

---

57 Owen, 『성령론』, 335~457.

58 Owen, 『성령론』, 336.

59 Owen, 『성령론』, 387~394.

60 Owen, 『성령론』, 337.

오웬은 성령 하나님께서 신자의 지 · 정 · 의 속에서 적극적으로 역사하신 결과 비로소 신자의 본성이 '새로운 본성'(new nature)의 성향을 갖게 되고 보다 더 적극적으로 하나님 앞에서 성화의 길을 힘차게 걸어갈 수 있다고 보았다.[61] 오웬은 이를 '성령께서 믿는 자들 속에서 역사하시는 초자연적인 원리'라고 보았고, 이를 크게 네 가지로 요약 · 정리했다.[62]

첫째, 성령께서 믿는 자들 안에 심어주신 원리나 성향은 항상 그들 안에 자리 잡고 있다. 둘째, 이 원리는 믿는 자의 지성과 의지와 감정을 움직여 그 성품에 어울리는 거룩한 행동을 하도록 이끌어 준다. 결국, 이 원리대로 인격이 변화되어 하나님의 영광을 위해 살아가기에 합당하도록 만든다. 셋째, 이 원리는 우리로 깨닫게 할 뿐만 아니라, 하나님을 위해 거룩하게 살아갈 수 있는 능력도 제공한다. 넷째, 이 원리는 단순히 지적이거나 다른 도덕적 성향들과는 본질적으로 차원이 다르다. 이는 우리 힘이나 어떤 방법으로도 도달할 수 있는 수준이 아니다.[63]

오웬은 이러한 초자연적인 성화의 원리가 '도덕적인 덕행'과는 그 본질과 결이 완전 다르다는 사실을 거듭 강조한다.[64] 그 이유는 오웬이 봤을 때, 도덕적인 덕행은 인간의 윤리적 감각과 느낌으로 윤리적인 삶을 살아가는 것이라면, 초자연적인 성화의 원리는 인간의 도덕 · 윤리의 영역으로부터 시작하는 것이 아니라 성령 하나님의 거룩하게 하시는 초자연적인 사역으로부터 시작하기 때문이다.[65]

---

[61] Owen, 『성령론』, 337.
[62] Owen, 『성령론』, 346.
[63] Owen, 『성령론』, 346.
[64] Owen, 『성령론』, 346.
[65] Owen, 『성령론』, 345~346.

2) 핵심 평가

『성령론』제4권 6장에 피력된 오웬 신학의 특장점은 성화의 범주를 인간의 지·정·의 전인(全人)으로 포괄적으로 이해했다는 점과 성령 하나님의 사역으로 인한 성화는 단순한 도덕·윤리적인 덕행과는 차원이 다른 초자연적인 행위임을 강조했다는 점에 있다. 이런 고찰은 오웬 당시 17세기에도 반드시 필요한 고찰이지만, 오히려 윤리 신학과 행위 신학이 득세를 하고 있는 21세기 작금의 현실 속에서도 더욱 절실히 요청되는 고찰이다.

특히 여러 담론들이 지나칠 정도로 파편화되어 있고 독립화되어 있는 작금의 시대적 흐름 가운데서 '전인'에 대한 오웬의 강조는 신학적 장점으로 더욱 뚜렷하게 드러난다. 오웬에 따르면, 죄도 전인으로 짓고, 구원도 전인으로 받는다. 성화도 마찬가지이다. 참된 성화는 부분적일 수 없다. 오히려 정반대다. 참된 성화는 총체적이며,[66] 포괄적이고, 전방위적이며, 전인격적이다. 오웬의 신학은 이런 지점을 정확히 파고 들어 신학적 촌철살인의 역할을 능히 감당하고 있다.

3) 핵심 적용

사람은 균형을 잃기 쉽다. 어떤 사람은 지적인 부분만 좋아하는 사람이 있다. 배우길 좋아하고, 깊이 있게 고민하기 좋아하며, 연구와 탐구에 모든 에너지를 쏟는다. 그러나 알기만 하고 아무 것도 하지 않는다. 균형을 잃은 것이다. 반대로 어떤 사람은 아무 것도 모르는데 무조건 열심히 하기만 한다. 왜 하는지도 모른 채, 어떻게 해야 하는지도 모른 채, 무조건 열심을 발휘한다. 이 또한 지성은 박약하고 의지만 가득 찬 균형을 잃

---

66 Cf. 박재은, "웨스트민스터 신앙고백서를 통해 살펴보는 복음의 총체성," 「총체적 복음사역연구소 연구지」, 15 (2019): 42~61.

은 모습이다. 어떤 사람은 감정 기복이 심해 불안정한 사람도 있다. 감정이 무너지면 지성과 의지도 함께 무너진다. 균형을 잃게 된다. 오웬이 잘 피력한 대로, 성화는 전인적으로 해야 한다. 성령 하나님은 신자의 성화를 위해 지·정·의를 적극적으로 자극시켜 주신다.[67] 당신은 지·정·의 중 어떤 부분에 더 천착해 있는가?

2.7. 성결의 행위들과 의무들[68]

1) 핵심 요약

오웬은 신자가 성화를 위해 반드시 해야 하는 의무들을 크게 두 가지 측면, 즉 내면적인 측면과 외면적인 측면에서 각각 고찰한다.[69]

첫째, 성결의 내면적 행위와 의무들은 믿음, 사랑, 신뢰, 소망, 두려움, 경외함, 기쁨 등이다. 이런 내면적인 측면에 대한 오웬의 설명을 들어보자.

> 이런 내면의 행위들은 주로 하나님께 대한 우리의 영적인 생명 활동입니다. 그 행위들이 바로 생명의 첫 번째 작용들입니다. 그 마음의 작용들이 그 생명의 힘을 주도적으로 증거합니다. 우리는 이런 내면의 마음의 작용들 속에서 우리의 영적 건강이 어떠하며 우리가 성결에 참여하였는지를 알 수 있는 최선의 척도를 발견합니다. 겉만 봐서는 모릅니다. 왜냐하면 여러 의무들을 열심히 행할지라도 우리 마음이 하나님의 생명으로부터 멀리 떨어져 있을 수 있기 때

---

67 박재은, 『쉬운 교리』, 122~128.
68 Owen, 『성령론』, 459~480.
69 Owen, 『성령론』, 460~462.

문입니다.[70]

오웬은 성화의 과정 가운데 있는 신자는 반드시 하나님을 향한 믿음, 소망, 사랑의 감정을 가지고 범사에 경외함과 기쁨 가운데 거해야 한다고 강조한다.[71] 그 이유는 신자는 성령 하나님의 역사를 통해 내면 속에 '생명의 힘'이 생겼기 때문이다. 즉 살아 있는 것은 움직인다. 죽은 것은 움직이지 않는다. 살아 있는 것은 내면의 움직임으로부터 시작해서 외면의 움직임까지 반드시 산출해 낸다.[72]

둘째, 오웬은 신자의 내면 속에서 '생명의 힘'이 있다면, 그 생명의 힘은 절대로 숨겨질 수 없고 오히려 반드시 외면으로 드러나게 된다고 주장한다. 오웬은 신자가 반드시 견지해야 할 외면적인 행위 및 의무들을 크게 두 가지로 묘사하는데, 하나는 하나님께 기도와 찬양으로 드리는 예배이며, 또 다른 하나는 사람들과의 관계이다. 오웬은 이를 십계명의 구조로 설명한다. 성령 하나님을 통해 내면적인 성화의 변화가 일어난 신자들은 이제 외면적인 변화를 맛봐야 하는데, 이는 먼저 하나님을 사랑하고 (십계명 1~4계명) 그 후 이웃을 사랑하는 것이다(십계명 5~10계명).[73] 하나님을 사랑하는 최고의 방식은 하나님께 최고의 예배를 올려 드리는 것이며, 이웃을 사랑하는 최고의 방식은 이웃안에 새겨진 하나님의 형상을 최대한 존중하고 배려하는 것이다.

오웬은 성화를 위한 신자의 의무가 이처럼 내면적인 측면과 외면적인 측면이 상호 유기적으로 영향을 미치며, 서로 영향을 주고받으며 발전되어야 한다고 주장한다. 물론 그 우선순위는 분명하다. 외면적인 측면보

---

70 Owen, 『성령론』, 461.

71 Owen, 『성령론』, 460~461.

72 Owen, 『성령론』, 461.

73 Owen, 『성령론』, 462.

다 내면적인 측면이 언제나 우선이다.[74]

2) 핵심 평가

오웬은 '균형'의 신학자다. 좌우 어느 하나로 치우치지 않고 최대한 신학적 균형을 잡기 위해 부단히 애쓴다. 『성령론』 제4권 7장에서 이런 균형 감각이 여실히 드러난다. 오웬은 『성령론』 전반에 걸쳐 객관과 주관, 초월과 내재, 내적과 외적, 내면과 외면 등의 담론들 속에서 좀처럼 균형을 잃은 모습을 드러내지 않는다. 언제나 신학적 균형이 공고하고 그 균형 감각의 미(美)는 절제된 장엄함을 지닌다. 만약 성화의 맥락 속에서 내면적인 측면만 강조된다면, 결국 그런 성화는 주관적인 성화, 감정적인 성화, 감성의 희로애락이란 사상누각에 매몰된 성화로 전락하고 말 것이다. 반대로 만약 성화의 맥락 속에서 외면적인 측면만 강조된다면, 결국 그런 성화는 알맹이 없이 겉모습만 번지르르한 표리부동 성화, 건조한 행위만 가득한 형식주의적 성화, 남에게 보이고자 하는 데코레이션 성화로 한없이 그 본질이 전락하고 말 것이다. 하지만 오웬의 신학 속에 이런 불균형은 찾아보기 어렵다. 이는 우리 모두가 반드시 닮아야 할 미덕 중의 미덕이다.

3) 핵심 적용

오늘날 한국교회는 외적인 모습에 과도하게 열광하는 경향을 보인다. 무리한 대출을 감행해서라도 웅장한 교회 건물을 짓고 싶어 하며, 한 영혼이 천하보다 귀하다는 성경의 가르침을 은근히 제쳐두고 어떻게 하면 교인 수를 더 많이 불릴까에 온갖 에너지를 다 쏟는다. 오웬의 표현을 빌리자면, 내면적인 측면보다 외면적인 측면에 더 많은 관심을 쏟는 것이

---

[74] Owen, 『성령론』, 460~462.

현 상황이다. 하지만 내면적인 측면이 참되지 않는 한, 외면적인 측면은 다 무의미하다.[75] 이는 예수께서 늘 꾸짖으셨던 '회칠한 무덤'(마 23:27~28)일 뿐이다. 내면적 기쁨이 없는 외면적 봉사가 무슨 의미가 있을까? 내면적 기쁨이 없는 외면적 헌금 봉사가 과연 무슨 의미가 있을까? 당신은 내면과 외면 사이의 균형을 잘 잡고 살아가는 사람인가?

2.8. 죄 죽이기의 성질과 그 동인들[76]

1) 핵심 요약

오웬은 성화의 핵심 내용을 '죄 죽임'(mortification)으로 본다. 오웬은 죄 죽임의 기본 지침을 크게 네 가지로 설명한다.

첫째, 죄 죽임은 단회적인 사건이 아니라, 신자의 전 생애에 걸쳐 지속적으로 일어나는 점진적인 과정이다. 다음은 이에 대한 오웬의 설명이다.

> 우리가 매일 행하는 의무를 통해 이 원리를 폐하고 없애야 합니다. 그 원리는 점진적으로 부단하게 약화시키는 방식으로만 죽일 수 있습니다. 그냥 내버려 두면 그 원리가 상처를 회복하고 다시 힘을 얻습니다. 그래서 죄 죽이기의 대단한 진보를 보이던 많은 사람들이 이런저런 의무들을 소홀히 하게 되면, '죄의 원리'가 머리를 쳐들고 기승을 부리게 됩니다. 그러면 평생 사는 날 동안 이전의 좋은 상태를 회복하지 못할 수 있습니다.[77]

---

75 박재은, 『쉬운 교리』, 243~247.
76 Owen, 『성령론』, 481~535.
77 Owen, 『성령론』, 495.

오웬은 죄 죽임은 '[죄를] 점진적으로 부단하게 약화시키는 방식'외에는 다른 길이 없다고 지적한다. 그 이유는 만약 순간적으로 죄를 살짝이라도 살려두면 또다시 죄는 상처를 회복하고 다시 힘을 얻기 때문이다. 오웬은 죄의 원리의 속성은 대단히 끈질겨서 잠시만 한눈을 팔아도 '다시 머리를 쳐들고 기승을 부린다'고 설명한다.[78]

둘째, 죄는 부단하게 경계하며 제압해야 한다. 오웬은 그 어떤 상황 속에서도, 예를 들면 "우리의 됨됨이와 우리의 행사 전체, 우리의 의무와 사명, 다른 사람들과의 대화, 집에서 혼자 있을 때의 마음, 영혼의 구조, 곤경에 처했을 때나 편안할 때, 우리가 쉬며 즐거워할 때나 시험받을 때 등 모든 경우"[79]에도 죄에 대해서는 부단하게 경계해야 한다고 옳게 지적한다.

셋째, 죄 죽이기의 목표는 우리가 더 이상 죄의 종노릇을 하지 않는 것이다. 오웬은 더 나아가서 죄 죽이기의 보다 더 위대한 목표는 '우리가 더 이상 죄를 섬기지 않아야 한다'라고 강조한다.[80] 그 이유는 성화의 여정 속에서 고군분투하는 신자는 이미 자신의 옛 자아를 그리스도의 십자가에 못 박고, 그리스도의 부활과 더불어 새 자아로 태어났기 때문이다. 새 자아는 더 이상 옛 자아 때 섬기던 주인을 다시 섬기지 않는다.

넷째, 전심을 다해 죄를 죽여야 한다. 오웬은 전심을 다해 죄를 죽이는 행위에 대해 다음과 같이 비유로 설명한다.

> 뱀을 잡을 때 한 번만 때리고 말면 뱀은 다시 기운을 차리고 움직입니다. 죽을 때까지 때려야 합니다. 죄를 다룰 때도 그 죄가 죽기까지

---

78 Owen, 『성령론』, 495.
79 Owen, 『성령론』, 496.
80 Owen, 『성령론』, 497.

> 부단하게 공격하지 않으면, 죄가 또 살아나고 그 사람은 죽게 됩니다. 그러므로 우리가 죄 죽이기를 하다가 막간의 틈을 주면 매우 치명적인 실수를 하는 것입니다.[81]

독뱀이 죽든지 독뱀에게 물려 내가 죽든지 둘 중의 하나다. 오웬은 죄라는 것은 "죽을 때까지 때려야 할" 대상이지 적절하게 타협하고 눈 감아 줄 대상이 될 수 없음을 뱀 예화를 통해 효과적으로 증거하고 있다.

2) 핵심 평가

오웬의 '죄 죽임' 교리는 단연코 그의 신학을 대표하는 교리 중 하나이다. 유명한 이유가 바로 『성령론』 제4권 8장이 보여주는 내용의 논리정연함과 근거의 확실성에서 여실히 드러난다. 오웬은 죄 죽임 교리를 다각도로 조망하고 있는데, 죄 죽임의 기본 개념, 죄 죽이기의 명칭, 죄 죽이기의 본질, 죄 죽이기의 지침들, 죄 죽이기와 성령의 역사 방식, 효과적인 죄 죽이기를 위한 성령 하나님의 실제 작용 등이 바로 그 증거들이다. 이는 죄 죽임 교리에 대한 포괄적이며 풍성한 목회적 논의로 평가할 수 있다.

다만 한 가지 아쉬운 지점은 과연 '죄가 진정으로 죽여질 수 있는가'에 대한 궁극적인 신학적 고찰이 더 깊게 요청된다는 점이다. 그 이유는 죄는 '존재'라기보다는 '상태'에 더 가깝기 때문에 마치 죄를 죽인다고 묘사하면 죄를 존재로 보는 경향성이 더 짙어지기 때문이다. 오히려 죄를 상태론적으로 조망하는 맥락 속에서는 '죄 죽임'보다는 '죄를 정복' 혹은 '죄를 지배'하는 상태론적 묘사가 더 낫지 않을까 생각해 본다.

그럼에도 오웬의 죄 죽임 교리는 대단히 체계적이며, 풍성하며, 설득

---

81 Owen, 『성령론』, 497~498.

력 있으며, 죄가 파괴되어진다는 측면에서 가공할 힘을 지닌 교리임이 분명하다.

3) 핵심 적용

자유선택의지를 가진 인간은 죄를 죽이려는 결정도 할 수 있고, 반대로 죄를 살리려는 결정도 할 수 있다. 죄와 관련돼서는 인간의 자유의지가 늘 '가까운 원인'이 되기 때문이다.[82] 죄와 관련돼서는 인간의 자유의지가 늘 가까운 원인이 되기 때문에 죄를 지은 책임도 자유의지를 적극적으로 사용한 인간이 져야 한다. 그러므로 죄에 대한 귀책 사유는 인간에게 있지 하나님에게 있지 않다. 오늘도 마찬가지이다. 오웬이 잘 피력한 것처럼, 죄 죽이기의 각종 지침들을 최대한 잘 선용해서 죄와 피 흘리기까지 싸워내며 결국 성령 하나님과 더불어 죄를 죽일 수 있는 자유선택의지도 바로 인간에게 있다.[83] 하지만 오늘도 스스로 포기하고 죄와 더불어 누리고 탐닉하고 교제하려는 결정도 인간이 할 수 있다. 당신은 오늘 죄를 죽이려는 의지를 가지고 있는가? 아니면 죄를 살려둔 채 옆에 두고 누리고 싶은 의지를 가지고 있는가?

3. 나가는 글

성령론적 성화에 대해 다루는 오웬의 『성령론』 제4권 1~8장은 독자들에게 '거룩한 책무 의식'을 한껏 고취시킨다.[84] 사실 '성화'라는 주제는 매우 부담되는 주제다. 힘들어도 죄를 죽이기 위해 노력해야 하며, 지 ·

---

82 Cf. 박재은, "칭의의 6중 원인에 대한 알렉산더 꼼리와 존 칼빈의 연속성, 불연속성, 그리고 신학적 함의," 『갱신과부흥』 20 (2017): 51~85.

83 박재은, 『쉬운 교리』, 106~110.

84 박재은, 『쉬운 교리』, 38~41.

정 · 의 전인으로 하나님을 향해 예배하는 삶을 살아야 하고, 농사 짓는 농부처럼 몸과 마음과 뜻과 정성을 다하여 식물에게 물과 비료를 제공해야 한다. 노동 중에 노동이다. 아니, 노동 중에 상 노동이다.

그럼에도 이런 거룩한 책무 의식이 한없이 무거운 부담감으로만 작동하지 않음이 은혜다. 그 유일한 이유는 오웬이『성령론』제4권 1장에서 잘 피력한 것처럼, 성화의 저자 및 주도자는 성령 하나님이시기 때문이다. 그러나 2~5장에서 잘 설명된 것처럼, 성화는 신자의 일평생에 걸쳐 죄와 적극적으로 싸워내는 점진적 과정이므로 성령 하나님과 더불어 인간이 감당해야 할 책임 및 역할을 능동적으로 감내해 내야 한다. 이런 은혜의 과정을 거칠 때 비로소 6~8장에서 잘 피력된 것처럼, 거룩을 위한 행위와 의무들을 내 · 외면적으로 감당할 수 있게 되고, 이런 의무들을 포괄적으로 잘 감당해 나갈 때 비로소 '죄 죽임'의 은혜가 신자의 삶 속에서 실존적으로, 실제적으로, 효과적으로 임하게 될 줄 믿는다.

읽고, 연구하고, 묵상하고, 깨닫는 것은 매우 중요하다. 하지만 그것이 전부가 아니다. 특히 성화론은 더 그렇다. 오웬의『성령론』제4권 내용을 부분적으로나마 독파한 우리들은 이제 '행해야' 한다. 성화의 삶을 살아내야 한다. 성령 하나님과 더불어 힘차게 살아내야 한다. 오웬이『성령론』제4권 1장을 시작하면서 인용한 성경 구절이 성화의 복된 여정을 떠나는 우리 모두에게 큰 힘과 위로와 용기를 준다.

"너희를 부르신 이는 미쁘시니 그가 또한 이루시리라"(살전 5:23)

06.
존 오웬의 『성령론』
제5권 핵심 요약·평가·적용

유창형 · 칼빈대학교 조직신학 교수

1. 하나님의 성품을 고려할 때 절대 필요한 성결

존 오웬의 『성령론』 제5권 제1장 "하나님의 성품을 고려할 때 절대 필요한 성결"(539~590쪽)은 왜 거룩함이 모든 그리스도인에게 선택 사항이 아닌, 구원의 경로 자체에 필수적인 요소인지를 하나님의 본질과 영원한 목적에 근거하여 근본적으로 논증하고 있다.

이 장의 논의는 성결의 필요성을 증명하는 논리가 복음의 위대한 교리, 즉 "무조건적인 은혜"와 "그리스도의 속죄"와 일치하며 그 교리들에서 자연스럽게 흘러나와야 함을 강조한다. 오웬이 말하는 참된 성결은 첫째, 영혼과 지성, 의지, 감정이 하나님의 은혜로 내적으로 변화되는 것, 둘째, 믿음과 사랑의 원리를 따라 순종의 의무를 수행하는 것, 셋째, 이 모든 것이 그리스도로 말미암아 하나님의 영광을 위한 복음적 행위여야 함을 명확히 한다.

1.1. 하나님의 거룩하신 성품에 근거한 성결의 절대적인 필요성(543-547쪽)

성결의 필요성을 입증하는 가장 근본적인 원인은 성경에 계시된 하나님의 거룩하신 성품이다. 하나님은 무한히 순결하시고 거룩하시기 때문에, 거룩하지 않은 어떤 존재나 행위도 용납하거나 기뻐하실 수 없다. 성경은 "내가 거룩하니 너희도 거룩할지어다"라고 명령하며, 이는 거룩함이 하나님의 속성에 근거한 피할 수 없는 요구임을 보여준다.

- 하나님의 악에 대한 태도: 하나님은 죄악을 기뻐하는 분이 아니시며, 눈이 정결하시므로 악을 차마 보지 못하신다. 미련함, 거짓, 불의를 행하는 자는 하나님의 목전에 설 수 없다.

- 교제의 불가능성: 만약 우리가 거룩하지 못하다면, 하나님과의 실제 교제는 불가능하다. 우리가 하나님을 향한 어떤 의무를 수행하더라도, 우리에게 성결이 없다면 하나님께서는 그 행위를 거절하시고 정죄하신다. 하나님께서는 거룩하시므로, 그분의 거룩하심에 정면으로 위배되는 행위를 용납하실 수 없다. 거룩하지 않고 거룩함을 위해 노력하지 않는 것은 하나님을 멸시하고 그분의 주권적 권위를 거부하는 행위가 된다.

1.2. 그리스도 안에 계시된 하나님의 거룩하심과 성결의 동기(548-553쪽)

오웬은 하나님의 거룩하심 자체만을 생각할 경우, 타락한 인간은 "누가 삼키는 불과 함께 거하겠으며"라며 절망할 수밖에 없음을 인정한다. 따라서 성결을 위한 동기와 격려는 그리스도 예수 안에서 계시된 하나님의 거룩하심으로부터 나와야 한다.

그리스도 안에 나타난 하나님의 거룩하심은 죄인들을 압도하지 않고, 오히려 성결을 추구하도록 용기를 준다. 이는 그리스도의 중보를 통해 우리가 도달할 수 있는 진실하고 성실한 수준의 성결을 하나님께서 받으시도록 조건이 마련되었기 때문이다.

- 은혜의 영적 권능: 그리스도 안에서 선언되고 운용되는 은혜의 영적 권능이 우리 안에서 성결을 이룰 것이다. 이 권능은 우리에게 성결을 위한 격려를 줄 뿐만 아니라, 실제로 성결하게 하는 효력을 가진다.
- 소멸하는 불의 경외심: 히브리서 기자가 "우리 하나님은 소멸하는 불이심이라"고 하면서도, 동시에 "은혜를 받자 이로 말미암아 경건함과 두려움으로 하나님을 기쁘시게 섬길지니"라고 권면하는 것은,

그리스도 안에서 하나님의 거룩하심을 볼 때 비로소 경외함 속에서도 성결을 추구할 수 있는 동기를 얻기 때문이다.

1.3. 성결: 하나님의 형상의 회복과 최고의 탁월함(569-573쪽)

성결의 필요성은 우리가 이 세상에 사는 동안 하나님을 본받는 일에서 나온다. 하나님을 본받는 것은 피조물로서 인간이 가질 수 있는 최고의 탁월한 영광이자 특권이다. 본래 사람은 하나님의 형상대로 지음 받았으나, 죄로 인해 그 형상을 상실하여 멸망하는 짐승과 같이 되었다.

- 형상 회복의 본질: 성결은 바로 죄로 인해 상실한 하나님의 형상을 우리 영혼 안에 새롭게 회복하는 것을 의미한다. 사도 바울은 이를 "하나님을 따라 의와 진리의 거룩함으로 지으심을 받은 새 사람을 입으라"고 표현한다.
- 거룩함의 존귀: 하나님을 본받는 성결을 추구하지 않는 것은 스스로 영광의 특권과 탁월함을 저버리는 행위이다. 하나님을 닮은 사람만이 다른 피조물들을 지배할 권위와 존귀를 유지하며, 그렇지 못한 사람은 "멸망하는 짐승과 같도다"라는 평가를 받게 된다. 성결이야말로 우리 성품에 하나님의 권위를 느끼게 하는 유일한 길이다.

1.4. 믿음과 사랑을 통한 성결의 진보(577-584쪽)

우리가 하나님을 닮아 가는 영적 성장과 진보에 따라, 내세에서 누릴 하나님의 영광에 가까이 가는 정도를 헤아릴 수 있다. 성결은 믿음과 사랑의 행사를 통해 촉진된다.

1) 믿음의 행사

믿음은 우리를 거룩하게 변화시키는 성령의 은혜이다. 믿음을 행사할수록 우리는 더 거룩해지며 하나님을 더 닮아간다. 그리스도 안에 나타난 하나님의 영광스러운 속성들(선하심, 사랑, 거룩하심)을 믿음으로 끊임없이 바라볼 때, 이 영광스러운 형상들이 우리 안에 투영되어 우리를 그 형상으로 변화시키는 것이다.

2) 사랑의 행사

하나님을 향한 사랑은 그분을 본받고 싶은 열망을 불러일으킨다. 하나님을 사랑하는 사람은 그분의 영광스러운 탁월하심과 아름다우심을 묵상하고 감격하며, 그분을 닮는 일에 기쁨으로 순종하게 된다. 하나님을 사랑하는 마음이 없이는 성결에 참여할 수 없다. 특히, 하나님을 사랑하는 사람은 분노, 시기, 복수심과 같은 마귀의 성품을 버리고 긍휼과 자비, 온유를 실천함으로써 하늘 아버지의 자녀다운 모습을 드러내야 한다.

1.5. 성결과 영원한 구원의 확증(573-577쪽)

성결은 우리가 영원한 내세에서 하나님과의 교제를 누리기 위해 절대적으로 필요하다. "거룩함이 없이는 아무도 주를 보지 못하리라"는 말씀과 같이, 마음이 청결한 자만이 하나님을 볼 것이다. 성결은 우리가 하나님을 누리는 영광에 합당한 자격을 갖추게 하는 유일한 방편이다.

- 영원한 영광의 준비: 성결은 이 세상에 살 때만 필요한 것이 아니라, 영원한 영광으로까지 이어진다. 우리가 하나님을 닮아 가는 영적 성장과 진보의 정도가 곧 내세에서 누릴 하나님의 영광에 가까이 가는 정도를 헤아리게 한다. 하나님을 본받는 일에 힘쓰지 않는 것은 스

스로 영광의 소망을 저버리는 행위다.

- 선택의 확증: 하나님의 영원한 선택의 교리는 성결의 필요성을 부인하기는커녕, 오히려 성결을 위한 가장 강력한 동기를 제공한다. 성경은 "주의 이름을 부르는 자마다 불의에서 떠날지어다"라고 선언하며, 성결이야말로 우리가 택하심을 받았고 구원받았음을 확증하는 데 필요한 유일한 열매이기 때문이라는 사실을 알려준다. 성결 없이 구원의 확신을 가지는 것은 스스로를 속이는 행위이며, 이는 하나님의 불변하신 목적과 작정에 위배된다.

1.6. 거짓된 성결에 대한 경계(587-590쪽)

오웬은 복음적 성결의 필요성을 강조하면서, 성경의 진리와 배치되는 모든 거짓된 성결의 개념을 경계한다.

- 도덕주의 경계: 성결을 단순한 도덕적 덕행이나 철학적 미덕으로만 여기는 것은 그리스도와 그분의 은혜를 폄하하는 것이다. 만일 어떤 사람이 거룩하지 않은 상태로 하나님을 기쁘시게 할 수 있다고 생각한다면, 그것은 하나님을 모독하는 것이다.
- 믿음의 남용 경계: 만일 거룩함이 없는 믿음, 행함이나 열매가 없는 믿음이 구원할 수 있다고 생각한다면, 그런 믿음은 헛되며 영혼을 속이는 것이다. 그리스도의 모든 구속 사역(제사장, 선지자, 왕의 직분)의 궁극적인 목적은 우리를 거룩하게 하는 것이므로, 성결의 결과가 나타나지 않는 사람은 그리스도의 약속에 참여했다는 증거가 전혀 없는 것이다.

비유적 이해

성결은 마치 왕궁에 들어가기 위해 필요한 예복과 같다. 왕궁의 주인이신 하나님이 거룩하시기에, 그분과 교제할 모든 백성은 거룩해야 한다. 이 예복(성결)을 얻는 공로(칭의)는 그리스도께서 이미 다 이루셨지만, 이 예복을 입고 왕궁의 질서(그리스도의 가르침)에 따라 왕궁 생활(거룩한 행위)을 영위하는 것은 우리 각자의 실천이자 의무이다. 이 예복을 입지 않고서는 왕을 기쁘시게 할 수도, 그분의 영광을 영원히 누릴 수도 없다.

2. 하나님의 성결의 원인과 동기가 되는 하나님의 영원한 선택

이 장은 성결의 필요성이 하나님의 영원하고 불변하는 작정, 즉 선택 교리에서 가장 강력한 근거와 동기를 얻는다는 사실을 심층적으로 논증한다. 이 장은 특히 예정론이 도덕적 노력을 무력화시킨다는 반론에 맞서, 성경적 성결이 구원의 필수 불가결한 방편이자 선택의 필연적인 결과임을 확증한다.

2.1. 하나님의 영원한 작정과 성결의 절대적 필요성(591-597쪽)

오웬은 성결의 필요성을 입증하는 근거를 하나님의 성품(제1장 논의)에 이어 하나님의 영원하고 불변하는 뜻과 작정에서 찾는다.

1) 구원의 목적과 성결의 방편

하나님께서 영원 전에 당신의 백성을 택하신 제일의 목적은 영원한 구원과 영광이지만, 이 목적을 성취하는 데 있어서 성결은 절대적으로 필수적인 방편이다. 성경은 하나님께서 "곧 창세 전에 그리스도 안에서 우리를 택하사 우리로 사랑 안에서 그 앞에 거룩하고 흠이 없게 하시려고” 우리를 예정하셨다고 선포한다.

오웬은 성경의 이 구절을 통해 성결이 구원받은 자들에게 허락된 영광에 이르기 위한 피할 수 없는 과정임을 강조한다. 하나님은 성결 없이 그 영원한 목적에 이를 수 없도록 정하셨다. 따라서 거룩해지지 않고도 생명이나 영광을 얻으리라는 기대는 하나님의 불변하는 작정을 폐기하려는 망상과 같다고 경고한다.

2) 성결은 선택의 필연적인 열매

하나님께서는 선택하신 자들을 구원하시기로 작정하실 때, 성결(성화)을 그 구원의 필연적인 효력과 결과로 지정하셨다. 사도는 구원을 받는 과정이 “성령의 거룩하게 하심과 진리를 믿음으로 구원을 받게 하심이니”라고 밝히며, 성화가 구원의 실제 경로임을 명확히 한다.

따라서, 성결은 우리가 하나님의 영원한 작정 속에 참여했음을 확증하는 유일한 증거이다. 사도 베드로는 이 점을 들어 성도들에게 “더욱 힘써 너희 부르심과 택하심을 굳게 하라”고 권면했는데, 이는 성화의 행위(믿음, 덕, 지식, 사랑 등)를 통해 자신이 택하심을 받았음을 분명히 드러내라는 뜻이다. 성결 없이는 그 누구도 자신이 하나님의 견고한 터 위에 서 있다고 확신할 근거가 없다.

2.2. 예정론에 대한 반론과 오웬의 논박(597-605쪽)

오웬은 예정론을 선포할 때 항상 제기되는 강력한 반론, 즉 “하나님의 선택이 확실하다면 성결을 위한 노력은 무의미하다”는 주장을 다룬다. 이 주장은 선택받은 자는 어떻게 살아도 구원받을 것이고, 선택받지 않은 자는 아무리 노력해도 소용이 없다는 논리에 기초한다.

1) 육신적 사고방식에 대한 비판

오웬은 이 주장이 육신적이고 믿지 않는 마음에서 비롯된 것이며, 성경의 증언과 믿는 자들의 보편적인 체험에 정면으로 배치된다고 비판한다.

- 성경의 증언 우선: 성경은 분명히 하나님의 선택을 성결의 샘으로 제시하며, 성결을 위한 강력한 동기가 됨을 증언한다. 우리는 하나님의 계시된 뜻에 순종해야 하며, 구원의 여부를 알려는 은밀한 작정을 탐구하는 것은 죄가 된다.
- 복음의 순서: 복음은 사람들에게 믿고 순종할 것을 요구하며 상을 약속한다. 선택받았는지 여부를 알기 전에 믿고 순종을 거부하는 것은 교만한 태도이다.

2) 성결은 선택 확신을 얻는 유일한 경로

오웬은 사람이 자신이 선택받았음을 알 수 있는 유일한 경로는 복음이 그 영혼 속에 맺은 열매를 통해서라고 강조한다.

- 순종의 의무: 복음은 믿고 순종하는 자들에게 생명과 구원을 약속하며, 성결이야말로 구원 신앙의 핵심 열매이다. 거룩한 순종을 진지하게 추구하는 사람은 영원한 복락을 얻을 것이 보장된 것이나 마찬가지인데, 이는 그 행위 자체가 하나님의 선택의 열매이기 때문이다.
- 위로와 격려의 원천: 하나님의 선택 교리가 복음적 순종의 길에 있는 신자들에게는 좌절하지 않게 할 격려와 위로를 주기 위해 주어진 것이다. 이 교리가 게으름을 조장한다고 주장하는 것은 은혜의 본질과 신자의 성향을 모르는 것이다. 반면, 구원의 확신이 없는 두려움 속에서 노력하는 순종은 일시적이며 쉽게 식어버린다.

2.3. 하나님의 선택에서 비롯된 성결의 구체적인 동기(609-619쪽)

하나님의 영원한 선택적 사랑은 그리스도인의 성화에 필요한 특정한 은혜와 의무를 위한 가장 강력하고 거룩한 동기를 제공한다.

1) 겸손(Humility)
하나님께서 우리를 택하실 때, 우리가 가진 어떤 선함이나 공로를 보고 택하신 것이 아님을 기억해야 한다. 우리는 죄악과 비참함밖에 없는 존재였음에도 불구하고 선택받았다. 이 사실을 깊이 생각하면 신자는 영원히 겸손을 옷 입을 수밖에 없다.

2) 하나님의 주권적인 뜻에 복종(Submission to Sovereignty)
우리의 영혼과 영원한 인격이 하나님의 주권적인 뜻 안에서 안전하게 복되게 되었음을 확신할 때, 세상에서의 일시적인 모든 문제나 재난 또한 그 하나님의 주권적 손길 아래 있음을 인정하고 기꺼이 복종해야 한다.

3) 사랑, 자비, 긍휼(Love, Mercy, and Compassion)
하나님께서 영원한 사랑으로 모든 믿는 자들을 택하셨음을 알기 때문에, 우리는 그들이 어떤 연약함이나 불만을 가지고 있든지 상관없이 "긍휼과 자비와 겸손과 온유와 오래 참음을 옷 입고" 그들을 사랑하고 용서해야 한다. 감히 하나님이 받으신 자들을 우리가 미워할 수 없기 때문이다.

4) 세상을 경멸함(Contempt for the World)
하나님께서 당신의 택한 백성들을 선택하실 때 세상의 부요, 명예, 권력을 전혀 고려하지 않으셨다. 오히려 많은 택자가 세상에서 가난하고 낮은

위치에 놓았다. 이 사실을 아는 성도는 하나님이 무가치하게 여기신 세상적인 것에 마음을 쏟지 않고, 하나님을 닮아가는 거룩함에 집중함으로써 세상을 경멸하게 된다.

이러한 은혜와 의무들은 모두 하나님의 선택적 사랑이라는 샘 근원에서 솟아나며, 성결을 위한 가장 강력하고 지속적인 동기를 제공한다.

존 오웬의 『성령론』 제5권 제3장 "하나님의 명령과 성결의 필요성"(621~670쪽)과 제4장의 일부는 성결이 단순히 도덕적 권고가 아니라, 하나님의 절대적인 권위와 영원한 구원 계획, 그리고 그리스도의 사역에 근거한 필수적인 요소임을 강력하게 논증한다.

3. 하나님의 명령과 성결의 필요성

오웬은 성결의 필요성이 하나님의 거룩하신 성품과 영원한 작정에서 비롯된 것임을 앞에서 논한 후, 이제는 하나님의 명시적인 명령과 말씀에서 그 근거를 찾아야 함을 강조한다. 하나님의 뜻은 곧 믿는 자의 성화이며("하나님의 뜻은 이것이니 너희의 거룩함이라"), 이 명령은 성경의 모든 가르침을 압축한 내용이다.

3.1. 성결은 하나님의 절대적인 권위에 대한 순종이다

성결의 가장 기본적인 필요성은 우리에게 거룩하라고 명령하신 분이 주권적인 율법 제정자(주권적인 입법자)이신 하나님이라는 사실에서 비롯된다.
- 명령의 정당성: 하나님은 절대 권세(absolute power)를 가지신 분이시므로, 그분의 명령에 불순종하는 것은 하나님의 주권적인 권위를 거

부하고 하나님을 멸시하는 행위가 된다. 거룩하지 않고 성결을 위해 노력하지 않는 모든 사람은 사실상 하나님을 멸시하며 그분의 권위의 멍에를 끊어버린 자들이다.

- 하나님의 상벌 권세: 하나님은 명령만 내리시는 분이 아니라, 능히 구원하기도 하시며 멸하기도 하시는 분이다. 이 상벌은 영원한 복락과 비참이라는 극치를 의미하며, 그분은 생명과 죽음을 주관하는 유일한 권세자이시다. 따라서 성결을 명하신 분의 권세를 기억하는 것은, 세상의 위협이나 일시적인 두려움보다 훨씬 강력한 동기가 된다.

- 영원한 상과 벌: 상과 벌을 염두에 두고 순종하는 것을 노예적인 순종이라고 비난하는 것은 잘못된 생각이다. 하나님의 약속과 경고의 말씀을 올바로 존중하는 것 자체가 바로 우리 자유의 핵심적인 부분이다. 성결의 명령을 따르지 않는다면, 영원한 멸망에 처할 것이라는 사실은 확실한 근거에 기반한 경고이다.

3.2. 하나님의 지혜와 선하심에 근거한 성결의 합리성

하나님은 당신의 무한한 지혜와 선하심을 따라 성결을 명령하셨다. 이 명령은 하나님에게만 유익한 것이 아니라, 순종하는 사람에게 최고의 혜택과 유익을 준다.

- 순종의 능력 제공: 복음은 우리에게 거룩하라고 명령하지만, 동시에 그 명령을 수행할 수 있는 영적인 힘과 능력을 새 언약 안에서 공급해 준다. 이 능력은 우리 자신의 본래적인 힘이나 노력에서 나오는 것이 아니라, 오직 은혜로부터 파생된 것이다.

- 쉬운 멍에: 하나님께서는 이 능력을 통해 순종의 명령을 쉽고 즐겁게 만드셨다("내 멍에는 쉽고 내 짐은 가벼움이라".). 이 순종의 즐거움은

우리 마음의 성향이 성결을 지향하도록 변화되었기 때문에 가능하다. 거룩한 성향이 없는 자연인에게는 성결이 무거운 짐이 되지만, 새 언약에 참여한 사람은 성결의 의무를 기쁨과 만족함으로 수행할 수 있다.

• 성결의 내용의 유익성: 하나님이 명하신 성결의 내용은 참되고, 정직하고, 의롭고, 정결하고, 사랑받을 만하며, 칭찬받을 만한 것들이다. 이 명령에 순종하는 것은 우리 자신에게 선할 뿐만 아니라, 우리의 가족, 이웃, 그리고 세상 전체에 유익을 준다.

3.3. 옛 언약과 새 언약의 명령의 차이

오웬은 명령의 본질은 동일하지만, 명령을 대하는 태도와 목적이 언약에 따라 달라진다는 점을 명확히 한다.

• 옛 언약(행위언약): 율법은 절대적으로 완전한 성결을 요구했으며, 그 목적은 오직 그 행위로 의롭다 하심을 얻으려는 데 있었다. 타락한 인간은 이를 이룰 수 없었기에 율법은 죄를 깨닫게 하고 정죄할 뿐이다.

• 새 언약(은혜언약): 복음은 성결을 요구하지만, 칭의의 목적을 위해서가 아니다. 칭의는 이미 그리스도의 완벽한 의(전가된 의)를 통해 달성되었기 때문이다. 복음의 명령은 우리가 불완전할지라도 하나님의 긍휼에 의존하는 것을 허락하며, 성결을 위한 새로운 용기와 능력을 제공한다. 이 명령을 통해 이루는 성결은 하나님을 누리는 방편이자, 하나님의 지혜와 선하심을 반영하는 순종이 된다.

3.4. 거룩하지 않은 자들의 자기 기만에 대한 경고

거룩하지 않은 상태에 있으면서도 구원의 희망을 갖는 것은 심각한 자기 기만이다.

- 거짓된 위로: 많은 사람이 율법적인 순종이나 외적인 종교 의무를 수행함으로써 양심의 가책을 무마하려 한다. 그러나 "성결의 원리(새로운 본성)"가 없는 상태에서 행하는 모든 일은 성결에 속한 것이 아니며, 결국 하나님의 영광과 영원한 복락과는 무관한다.
- 복음의 왜곡: 성결을 게을리하는 자들이 하나님의 은혜가 넘친다는 교리를 악용하여 죄 가운데 거하는 경솔한 마음을 갖는 것은, 불경건의 괴물과 같은 행위이자 배은망덕이다. 오웬은 믿음과 순종/성결이 불가분하게 연결되어 있음을 강조하며, 성결이 없는 믿음은 영혼을 구원할 수 없는 헛된 믿음이라고 경고한다.

존 오웬의 『성령론』 제5권 제4장 "그리스도를 보내신 하나님의 목적과 성결의 필요성"(671–698쪽)에 대해 성결의 필요성이 하나님의 구속 계획 전체, 특히 그리스도의 삼중 사역(제사장, 선지자, 왕)의 근본적인 목적에 깊이 뿌리내리고 있음을 강력하게 논증한다. 이 장은 성결이 단순한 도덕적 권고가 아니라, 죄의 파괴와 영원한 구원에 필수적인 방편임을 명확히 한다.

4. 그리스도를 보내신 하나님의 목적과 성결의 필요성

존 오웬은 하나님의 아들이 세상에 오신 가장 근본적인 목적이 마귀의 일을 멸하는 것이었다고 선포한다. 마귀의 주된 일은 인간의 본성과 인격을 죄의 원리로 물들이고 하나님을 거스르게 만드는 것이었으므로, 그리스도의 사역은 결국 손상된 하나님의 형상을 회복하고 새롭게 하는 것, 즉 성결을 이루는 것이었다.

성결과 순종의 원리가 없다면 마귀의 일을 막을 수 없다. 이 회복(성결)이 없었다면 그리스도의 중보 사역은 온전히 이루어지지 않았을 것이며, 아무도 영원한 영광 속에서 하나님을 누릴 수 없었을 것이다. 성도는 오직 성결을 통해 "빛 가운데 있는 성도의 기업의 부분을 얻기에 합당한 자"가 되기 때문이다.

그리스도의 중보 사역은 제사장, 선지자, 왕의 세 직분을 통해 수행되며, 이 모든 직분은 성결의 필요성을 확증한다.

4.1. 그리스도의 성육신의 목적

하나님의 아들이 이 땅에 나타나신 가장 근본적인 목적은 마귀의 일을 멸하는 것이었다("하나님의 아들이 나타나신 것은 마귀의 일을 멸하려 하심이라"). 마귀의 주된 일은 인간의 본성과 인격을 죄의 원리로 물들이고 하나님을 거스르게 만드는 것이었으므로, 그리스도의 사역은 결국 손상된 하나님의 형상을 회복하고 새롭게 하는 것, 즉 성결을 이루는 것이었다. 성결 없이, 그리스도의 중보 사역은 온전히 이루어질 수 없으며, 아무도 영원한 영광 속에서 하나님을 누릴 수 없다.

4.2. 그리스도의 세 가지 직분과 성결의 필수성

그리스도의 중보 사역은 제사장, 왕, 선지자라는 세 직분(제사장, 왕, 선지자)을 통해 수행되며, 이 모든 직분은 성결의 필요성을 확증한다.

1) 제사장 직분 (Priestly Office):
그리스도의 제사장 직분과 성결의 필수성 (674-678쪽)

그리스도의 제사장 직분은 직접적으로 하나님을 상대하여 속죄와 화목을 이루는 사역이다. 이 직분은 하나님께 속한 일로서, 죄의 속함과 하나님의 공의를 만족시키는 일을 한다.

그리스도의 제사장적 행위가 가져오는 중보적 효력은 두 가지로 나뉜다. 하나는 우리의 칭의와 죄 용서에 관한 도덕적인 부분이고, 다른 하나는 우리의 성화와 성결에 관한 실질적인 부분이다.

- 희생의 목적: 그리스도께서 자신을 하나님께 드리신 목적은 우리를 모든 불의에서 구속하시고, 우리를 깨끗하게 하사 선한 일을 열심히 하는 자기 백성이 되게 하려 함이었다. 그분의 희생의 공로는 우리의 죄책을 속할 뿐만 아니라, 우리의 양심을 죽은 행실에서 깨끗하게 하여 살아 계신 하나님을 섬기게 하는 성화의 효력을 가져온다.
- 성결의 증거: 만일 우리 안에서 거룩하게 되는 은혜가 나타나지 않는다면, 그것은 우리가 그리스도께서 자신을 드리신 은혜에 참여했다는 증거가 전혀 없는 것과 같다.
- 중보기도: 그리스도의 중보기도 역시 단순히 죄 용서만을 구하는 것이 아니다. 그분은 우리를 위해 성령을 주셔서 우리가 악에 빠지지 않고 거룩해지도록 간절히 간구하고 계신다.

2) 선지자 직분 (Prophetic Office):
그리스도의 선지자 직분과 성결의 법칙 (678-692쪽)

그리스도의 선지자 직분은 교회를 향하며, 하나님의 이름과 권위를 가지고 우리를 향해 행동하신다. 이 직분은 하나님의 뜻과 명령(계명)들을 가르치심으로써 하나님을 나타내는 것을 내용으로 한다.

- 율법의 영적 본질 회복: 그리스도께서는 선지자로서 율법이 가진 영적인 본질을 드러내셨다. 그분은 마음속의 은밀한 죄까지도 지적하며, 율법이 요구하는 바가 단순히 외적인 행위에 머물지 않고 마음과 생각의 은밀한 부분까지 관여함을 명확히 하셨다.
- 성결의 유일한 목적: 그리스도의 가르침의 유일한 목적은 우리가 거룩함에 이르는 것이었다. 그분의 교리는 마음 자체를 목표로 삼으며, 우리 영혼 전체의 새로워짐(하나님의 형상 회복)을 요구한다.
- 가르침의 권위와 효능: 그리스도의 교훈은 인간의 본성적인 빛이나 철학자들의 가르침과 달리 신적인 진리와 권위를 지니며, 그 가르침은 능력과 효능을 가지고 있다. 성결은 이 위대한 선지자의 음성을 듣고 순종하는 것에 기초한다. 이 순종이 없다면 우리는 마땅히 영원한 멸망에 처할 것이다.
- 모범으로서의 그리스도: 그리스도께서는 도덕적으로 완전한 성결의 본보기이시며, 우리에게 하나님의 형상을 새롭게 함이 무엇인지 보여주셨다. 그리스도의 삶은 우리가 본받을 유일하고 완전한 이상이다. 그분을 본받으려는 열망은 그분의 사랑을 묵상하고 그분의 모든 은혜와 행사가 우리에게 주는 유익을 아는 믿음에서 나온다.

3) 왕의 직분 (Kingly Office):

그리스도의 왕의 직분과 성결의 확증 (693-698쪽)

그리스도의 왕적 권세의 목적은 우리 영혼의 성결과 안전을 확보하는 데 있다. 왕으로서 그리스도는 우리의 정욕, 죄악, 시험, 그리고 사탄과 같은 영혼의 원수들을 물리치시고, 우리 안에 거룩한 순종의 원리가 작용하도록 힘을 공급하신다.

- 왕적 사역의 핵심: 그리스도의 왕적 사역 중 가장 중요한 일은 우리

를 거룩하게 만드시고 거룩하게 지켜 주시는 것이다.

- 성결 없는 자의 상태: 거룩하지 않은 상태에 머물면서도 그리스도의 은혜에 참여했다고 착각하는 것은 헛된 맹신이다. 거룩함이 없는 삶은 그리스도의 십자가의 원수로 행하는 것이며, 그리스도와 복음을 가장 크게 모독하는 행위이다.
- 불의를 떠나야 할 의무: 불의에서 떠나는 것이야말로 우리가 구원받은 자임을 확증하는 유일한 길이다. 그리스도께서 제사장, 선지자, 왕으로서 우리에게 주시는 모든 유익은 궁극적으로 우리의 성결을 위한 것이며, 거룩함의 결과가 나타나지 않는 사람은 그리스도의 약속에 참여했다는 증거가 전혀 없다.
- 결론: 죄 가운데 살면서도 구원을 기대하는 것은 자기 영혼을 속이는 가장 큰 죄악이며, 그러한 자들은 그리스도인이라는 이름을 떼어버리든지, 아니면 죄의 삶을 버리든지 둘 중 하나를 선택해야 한다.

4.3. 그리스도의 영광을 드러내는 성결

궁극적으로 그리스도께서 영광을 받으시는 것은 우리의 거룩한 삶을 통해서만 가능하다.

- 그리스도의 모범 증언: 우리가 그리스도의 삶이 거룩하고 교훈이 지혜로우며 죽음이 효력 있는 대속이었다는 것을 증언할 때, 그 증언은 오직 거룩한 순종의 삶을 통해 세상에 나타나야 한다.
- 배역자에 대한 경고: 거룩하지 않은 채 죄 가운데 살면서 구원을 희망하는 자들은 그리스도의 십자가의 원수이며, 그리스도의 구속 사역을 행실로 부인함으로써 그리스도와 복음을 가장 크게 모독하는 자들이다. 그리스도께서 주신 모든 유익의 결과는 우리의 성결이므

로, 거룩함이 없는 자가 그리스도의 약속에 참여했다는 증거는 전혀 없다.

4.4. 세상의 상태와 성결의 필요성(699쪽 이후)

오웬은 우리의 현 상태와 이 세상의 상태를 성찰하며 성결의 필요성을 재차 강조한다.

- 부패한 영혼의 비참함: 죄로 인해 인간의 본성은 어둠과 허망함, 혼란에 사로잡혀 있으며, 지성과 의지, 모든 정서가 무질서하고 비참하다. 인간의 마음은 맹렬한 정욕에서 벗어나지 못하며, 악인들은 요동치는 바다와 같다.
- 유일한 치료법: 이러한 마음의 혼란과 무질서를 치료할 수 있는 유일한 방안은 바로 거룩함이다. 성결은 하나님의 형상을 새롭게 회복하는 것으로만 가능하며, 이것이 없이는 마음의 평안이나 질서를 얻을 수 없다.
- 성화된 영혼의 평화: 비록 성화된 사람에게도 죄의 잔재가 남아 갈등을 겪을지라도, 그의 영혼에는 하나님의 은혜가 왕 노릇하는 신성한 질서와 평화가 유지된다. 반면 성화되지 않은 자들의 평화는 마치 지옥과 어둠의 왕국 안에 있는 질서와 같다.
- 그리스도의 요구: 그리스도께서는 우리를 위해 값을 치르셨으므로, 우리는 더 이상 우리 자신의 것이 아니다. 우리가 그리스도를 위해 살고 그분의 영광을 드러내기 위해 요구되는 것은 거룩하게 순종하고 인내하는 삶뿐이다.

존 오웬의『성령론』제5권 제5장 "세상의 상태와 성결의 필요성"(699~끝까지)은 성결의 필요성을 인간 본성의 비참한 상태와 세상의 혼란스러운 조건에 비추어 궁극적으로 확증하고, 그리스도께서 요구하시는 제자도의 핵심으로서 성결을 강조하는 내용으로 마무리된다. 이 장은 성화가 단순한 도덕적 의무가 아니라, 죄의 파괴와 영원한 영광에 이르는 유일한 방편임을 강력하게 역설한다.

5. 세상의 상태와 성결의 필요성

5..1. 전적으로 부패한 인간 영혼의 비참한 상태 (699-703쪽)

인간의 영혼은 죄로 인해 완전히 부패하여, 어둠과 허망함, 미련함과 불안함에 사로잡혀 있다. 영적으로 죽은 상태에서 의지는 완고하며, 정서는 육신적이고 이기적이어서, 영혼 전체가 길을 잃고 혼란과 방황 속에 있다. 이 세상에서 발생하는 무질서, 혼란, 압제, 폭력과 같은 끔찍한 비참함은 근본적으로 인간 마음속에 있는 악한 정욕에서 비롯된 것이며, 이러한 마음은 끊임없이 악한 계획을 꾸며낸다. 오웬은 부패한 본성의 무질서에 사로잡힌 악인들을 "요동치는 바다"에 비유하며, 그들의 악행이 진흙과 더러운 것을 계속 솟구쳐내는 바다와 같다고 지적한다. 따라서 이러한 상태에 있는 영혼은 진정한 안식과 평안, 마음의 평온을 누릴 수 없다.

5.2. 성결만이 유일한 영적 치료제 (703-711쪽)

인간 본성의 이러한 혼란과 무질서를 치료할 수 있는 유일한 방안은 거룩함이다. 교육, 깨달음, 또는 고상한 기질과 같은 인간적인 수단들은 단지 외적인 죄악을 억제할 수는 있으나, 영혼의 근본적인 질병을 치료하지는 못한다. 성결은 죄로 인해 상실된 하나님의 형상을 새롭게 회복하는 것을 의미하며, 이것이 없이는 마음의 평안이나 질서를 얻을 수 없다.

- 성화된 영혼의 질서: 참으로 거듭나 성화된 사람에게도 죄의 잔재가 남아 끊임없는 내적 갈등(성령과 육체의 싸움)을 겪지만, 그의 영혼에는 은혜가 왕 노릇하며 모든 것을 하나님께 복종시키는 신성한 질서와 평화가 확립되어 있다. 반면, 성화되지 않은 사람들의 평화는 영적으로 선한 것을 대적하는 "지옥과 어둠의 왕국 안에 있는 질서"와 같다.
- 죄의 치료: 성결은 분노, 시기, 불평, 침울함과 같은 악하고 무질서한 정욕과 성향을 치료하는 힘을 가지고 있다. 성화된 사람은 이 싸움에서 궁극적으로 승리하며, 그의 영혼의 평화는 하나님의 언약의 신실하심에 의해 보장된다.

5.3. 그리스도의 절대적인 요구: 성결과 순종(714-723쪽)

오웬은 그리스도께서 우리를 위하여 값을 치르셨으므로, 우리는 더 이상 우리 자신의 것이 아니라 그분을 위해 살아야 한다고 선포한다. 그리스도의 구속 사역의 궁극적인 목적은 우리를 거룩하게 만드는 것이었으며, 그리스도께서는 당신의 제자들에게 두 가지를 요구하셨다. 곧, 거룩하게 순종하는 삶과 인내하는 삶이다.

- 그리스도의 영광을 드러내는 삶: 그리스도의 삶, 교훈, 죽음의 효능은 오직 제자들의 거룩한 순종의 삶을 통해서만 세상에 증언될 수 있다. 성도의 거룩한 행실이 없다면, 그리스도의 삶의 거룩성이나 교훈의 지혜를 증언할 수 없다.

- 가장 큰 모독: 거룩하지 않은 상태로 죄 가운데 살면서 구원의 소망을 품는 것은 "그리스도의 십자가의 원수"로 행하는 것이며, 그리스도와 복음을 가장 크게 모독하는 행위이다.
- 구원의 확증: 하나님의 왕적 직분, 제사장 직분, 선지자 직분 모두 그 효력이 우리의 성결로 나타난다. 만일 거룩함의 결과가 나타나지 않는다면, 그 사람이 그리스도의 약속에 참여했다는 증거가 전혀 없다.
- 결단: 그리스도인이라고 공언하는 사람이 죄악된 삶을 계속 영위한다면, 그는 "그리스도인이라는 이름표를 떼어버리든지, 아니면 죄의 삶을 버리든지" 둘 중 하나를 선택해야 한다. 불의를 떠나지 않는 신앙고백자들은 그들의 행실로 말미암아 구원받았다고 확신할 근거를 전혀 가지지 못한다.

5.4. 성결의 실천과 동기: 믿음과 사랑의 행사(718-723쪽)

하나님을 본받아 닮아가는 성결의 진보를 이루기 위해서는 믿음과 사랑의 행사를 끊임없이 실천해야 한다.
- 믿음의 행사: 믿음은 그리스도 안에 계시된 하나님의 영광스러운 속성들(선하심, 거룩하심, 사랑)을 바라보는 통로이다. 이 믿음을 행사할 때, 성령의 역사로 말미암아 우리는 "그와 같은 형상으로 변화하여 영광에서 영광에 이르는" 거룩함의 진보를 경험하게 된다.
- 사랑의 행사: 하나님을 향한 진실한 사랑은 우리로 하여금 그분을 본받고 싶은 열망을 불러일으킨다. 하나님을 사랑하는 사람은 그분의 영광스러운 아름다우심에 감격하여, 기쁨으로 순종의 의무를 감당한다.

- 하나님을 닮은 자비: 특히, 긍휼과 자비, 온유, 오래 참음과 같은 은혜를 실천함으로써 하늘 아버지의 자녀다운 모습을 드러내야 한다. 포악, 시기, 분노, 복수심과 같은 마귀의 성품을 버리고, 모든 사람에게 선을 행하되, 특별히 믿음의 권속들에게 사랑을 베푸는 것이 성결의 삶에서 매우 중요한 부분이다.

오웬은 이러한 복음적 거룩함의 삶이 없다면, 세상에서 그 어떤 뛰어난 업적이나 도덕적 덕행을 보인다 할지라도, 그리스도께서는 그들을 결코 인정하지 않으실 것이며, 그들이 기대하는 구원과 영광은 헛된 소망에 불과하다고 결론짓는다.

비유적 이해

성결은 그리스도인이 마땅히 입어야 할 갑옷과 같다. 이 갑옷은 그리스도의 보혈과 성령의 능력으로 만들어진다. 갑옷(성결)을 입고 싸우는 자에게는 내적 평화(질서)가 있으며, 그는 왕(그리스도)의 영광을 위해 원수(죄)와 맞서 싸울 힘을 얻는다. 그러나 만약 갑옷을 벗고 죄의 유혹에 자신을 내맡긴다면, 그는 그리스도에게 속했다고 주장할 수 없으며, 영원히 혼란과 비참함 속에 머물게 될 것이다.

6. 신학적 평가

6.1. 서론: 구원의 경로에 필수적인 성결이다

존 오웬의 『성령론』 제5권은 성결(Holiness)이 그리스도인의 삶에서 단순한 선택 사항이 아니라, 구원의 경로 그 자체에 필수적인 요소임을 근본적으로 논증한다. 이 논의는 성결의 필요성을 증명하는 논리가 무조건적인 은혜와 그리스도의 속죄라는 복음의 위대한 교리에서 자연스럽게 흘러나와야 함을 강조한다. 오웬이 말하는 참된 성결은 세 가지 핵심 요소를 포함한다. 첫째, 영혼과 지성, 의지, 감정이 하나님의 은혜로 내적으로 변화되는 것이다. 둘째, 믿음과 사랑의 원리를 따라 순종의 의무를 수행하는 것이다. 셋째, 이 모든 것이 그리스도로 말미암아 하나님의 영광을 위한 복음적 행위여야 한다.

다음은 성결의 구체적인 근거를 나열한 것이다.

6.2. 제1근거: 하나님의 거룩하신 성품에 근거한 성결의 절대성

오웬은 성결의 필요성을 입증하는 가장 근본적인 원인을 성경에 계시된 하나님의 거룩하신 성품에서 찾는다. 하나님은 무한히 순결하시고 거룩하시기 때문에, 거룩하지 않은 어떤 존재나 행위도 용납하거나 기뻐하실 수 없다.

1) 교제의 불가능성

하나님은 죄악을 기뻐하지 않으시며, 눈이 정결하시므로 악을 차마 보지 못하신다. 따라서 미련함, 거짓, 불의를 행하는 자는 하나님의 목전에 설 수 없다. 만약 우리가 거룩하지 못하다면, 하나님과의 실제 교제는 불가능하다. 우리가 하나님을 향한 어떤 의무를 수행하더라도, 우리에게 성결이 없다면 하나님께서는 그 행위를 거절하시고 정죄하신다. 거룩하지 않고 성결을 위해 노력하지 않는 것은 하나님을 멸시하고 그분의 주권적 권위를 거부하는 행위이다.

2) 그리스도 안의 거룩함은 동기

타락한 인간은 하나님의 거룩하심 자체만을 생각할 경우 절망할 수밖에 없다. 따라서 성결을 위한 동기와 격려는 그리스도 예수 안에서 계시된 하나님의 거룩하심으로부터 나와야 한다. 그리스도의 중보를 통해 우리가 도달할 수 있는 진실하고 성실한 수준의 성결을 하나님께서 받으시도록 조건이 마련되었다. 그리스도 안에서 선언되고 운용되는 은혜의 영적 권능이 우리에게 성결을 위한 격려와 실제로 성결하게 하는 효력을 줄 것이다.

6.3. 제2근거: 하나님의 영원한 작정(선택)과 성결의 필연성

오웬은 성결의 필요성이 하나님의 성품에 이어 하나님의 영원하고 불변하는 뜻과 작정인 선택 교리에서 가장 강력한 근거를 얻는다고 논증한다.

1) 구원의 목적과 필수적인 방편

하나님께서 당신의 백성을 택하신 제일의 목적은 영원한 구원과 영광이지만, 이 목적을 성취하는 데 있어서 성결은 절대적으로 필수적인 방편이다. 하나님은 성결 없이는 영원한 목적에 이를 수 없도록 정하셨다. 성경은 하나님께서 "창세 전에 그리스도 안에서 우리를 택하사 우리로 사랑 안에서 그 앞에 거룩하고 흠이 없게 하시려고" 예정하셨다고 선포한다. 따라서 거룩해지지 않고도 영광을 얻으리라는 기대는 하나님의 불변하는 작정을 폐기하려는 망상이다.

2) 선택의 필연적인 열매로서의 성화

성결은 우리가 하나님의 영원한 작정 속에 참여했음을 확증하는 유일한 증거이다. 사도는 구원을 받는 과정이 "성령의 거룩하게 하심과 진리를 믿음으로 구원을 받게 하심이니"라고 밝히며, 성화가 구원의 실제 경로임을 명확히 한다. 성도들에게 "부르심과 택하심을 굳게 하라"는 권면은 성화의 행위(성결)를 통해 자신이 택하심을 받았음을 분명히 드러내라는 뜻이다. 성결 없이 구원의 확신을 가지는 것은 스스로를 속이는 행위이며, 이는 하나님의 불변하신 목적과 작정에 위배된다.

3) 예정론에 대한 반론 논박

오웬은 "하나님의 선택이 확실하다면 성결을 위한 노력은 무의미하다"는 주장이 육신적이고 믿지 않는 마음에서 비롯된 것이라 비판한다. 우리는 구원의 여부를 알려는 은밀한 작정을 탐구하는 것은 죄가 되며, 하나님의 계시된 뜻에 순종해야 한다. 성결이야말로 구원을 알게 하는 신앙의 핵심 열매이다. 오웬은 사람이 자신이 선택받았음을 알 수 있는 유일한 경로는 복음이 그 영혼 속에 맺은 열매를 통해서라고 강조한다. 오히려 하나님의 선택 교리는 복음적 순종의 길에 있는 신자들에게 좌절하지 않게 할 격려와 위로를 주기 위해 주어진 것이다.

6.4. 제3근거: 하나님의 주권적인 명령과 성결의 합리성

오웬은 성결의 필요성이 하나님의 명시적 명령과 말씀에 근거해야 함을 강조한다. 하나님의 뜻은 곧 믿는 자의 성화이다("하나님의 뜻은 이것이니 너희의 거룩함이라").

1) 주권적인 율법 제정자에 대한 순종

성결을 명하신 분은 능히 구원하기도 하시고 멸하기도 하시는 주권적인 율법 제정자이신 하나님이다. 그분의 명령에 불순종하는 것은 하나님의 주권적인 권위를 거부하고 하나님을 멸시하는 행위가 된다. 영원한 상과 벌을 염두에 두고 순종하는 것은 하나님의 약속과 경고의 말씀을 올바로 존중하는 우리 자유의 핵심적인 부분이다.

2) 새 언약 안의 순종의 유익과 능력

하나님은 무한한 지혜와 선하심을 따라 성결을 명령하셨으며, 이 명령은 순종하는 사람에게 최고의 혜택과 유익을 준다. 복음은 거룩하라고 명령하지만, 동시에 그 명령을 수행할 수 있는 영적인 힘과 능력을 새 언약 안에서 공급해 준다. 이 능력 덕분에 순종의 명령은 "내 멍에는 쉽고 내 짐은 가벼움이라"는 말씀과 같이 쉽고 즐거워진다.

3) 옛 언약과 새 언약의 명령의 차이

옛 언약은 절대적으로 완전한 성결을 요구했으며, 칭의를 얻는 목적을 가졌으나, 타락한 인간을 정죄할 뿐이었다. 반면, 새 언약은 성결을 요구하지만, 칭의의 목적을 위해서가 아니다. 칭의는 이미 그리스도의 의를 통해 달성되었기에, 복음은 우리가 불완전할지라도 하나님의 긍휼에 의존하는 것을 허락하며, 성결을 위한 새로운 용기와 능력을 제공한다.

6.5. 제4근거: 그리스도의 중보 사역과 성결의 확증

그리스도의 성육신과 오심 자체는 성결의 절대적 필요성을 강력하게 뒷받침한다. 하나님의 아들이 이 땅에 나타나신 가장 근본적인 목적은 손상된 하나님의 형상을 회복하고 새롭게 하는 것, 즉 성결을 이루는 것이었다. 성결 없이 그리스도의 중보 사역은 온전히 이루어질 수 없으며, 아무도 영원한 영광 속에서 하나님을 누릴 수 없다.

1) 제사장 직분과 성화의 효력

그리스도께서 자신을 제물로 드리신 목적은 우리를 모든 불의에서 구속하시고 깨끗하게 하사 선한 일을 열심히 하는 자기 백성이 되게 하려 함이었다. 그리스도의 희생의 공로는 우리의 죄책을 속할 뿐만 아니라, 우리의 더러움을 실질적으로 정결하게 하는 성화의 효력을 가져온다. 따라서 성결을 경험하지 못한 사람이 그리스도의 제사장적 은혜에 참여했다는 증거는 전혀 없다.

2) 선지자 직분과 성결의 법칙

그리스도의 선지자 직분의 유일한 목적은 우리가 거룩함에 이르는 것이다. 그리스도는 선지자로서 율법이 가진 영적인 본질을 드러내시며, 외적인 행위뿐 아니라 마음속의 은밀한 죄까지도 지적하셨다. 그리스도의 가르침에 순종하는 것이 모든 성결의 기초이다.

3) 왕의 직분과 성결의 안전 확보

그리스도의 왕적 권세의 목적은 우리 영혼을 파멸에서 구원하기 위해 우리의 원수들(정욕, 죄악, 시험)을 물리치고, 우리 안에 거룩한 순종의 원리가 작용하도록 힘을 공급하시는 것이다. 그리스도께서 우리를 거룩하게 만드시고 지켜 주시는 것이 왕적 사역의 가장 중요한 일이다.

6.6. 성결의 본질: 형상의 회복과 영적 치료

1) 하나님의 형상 회복과 최고의 탁월함

성결은 죄로 인해 상실한 하나님의 형상을 우리 영혼 안에 새롭게 회복하는 것을 의미한다. 하나님을 본받는 것은 피조물로서 인간이 가질 수 있는 최고의 탁월한 영광이자 특권이다. 성결이야말로 우리의 성품에 하나님의 권위를 느끼게 하는 유일한 길이다.

2) 부패한 영혼의 유일한 치료제

죄로 인해 인간의 영혼은 어둠과 허망함, 혼란에 사로잡혀 있으며, 악한 정욕으로 인해 요동치는 바다와 같다. 이러한 마음의 혼란과 무질서를 치료할 수 있는 유일한 방안은 바로 거룩함이다. 성결은 하나님의 형상을 새롭게 회복하는 것으로만 가능하며, 이것이 없이는 마음의 평안이나 질서를 얻을 수 없다.

3) 믿음과 사랑을 통한 진보

성결은 믿음과 사랑의 행사를 통해 촉진되는 영적 성장과 진보의 과정이다. 믿음은 그리스도 안에 나타난 하나님의 영광스러운 속성들을 바라보게 하며, 이로 인해 우리는 "그와 같은 형상으로 변화하여 영광에서 영광에 이르는" 거룩함의 진보를 경험하게 된다. 사랑은 하나님을 본받고 싶은 열망을 불러일으키며, 긍휼과 자비, 온유를 실천함으로써 하늘 아버지의 자녀다운 모습을 드러내는 데 필수적이다.

6.7. 신학적 경계: 거짓된 성결에 대한 경고

오웬은 복음적 성결의 필요성을 강조하며, 성경의 진리와 배치되는 거짓된 성결의 개념들을 경계한다.

1) 도덕주의 경계

성결을 단순한 도덕적 덕행이나 철학적 미덕으로만 여기는 것은 그리스도와 그분의 은혜를 폄하하는 행위이다. 성결의 원리(새로운 본성)가 없는 상태에서 행하는 모든 외적인 종교 의무는 결국 하나님의 영광과 영원한 복락과는 무관하다.

2) 믿음의 남용 경계

거룩함이 없는 믿음, 즉 열매가 없는 믿음이 구원할 수 있다고 생각한다면, 그런 믿음은 헛되며 영혼을 속이는 것이다. 성결을 게을리하는 자들이 은혜 교리를 악용하여 죄 가운데 거하는 마음을 갖는 것은 불경건의 괴물과 같은 행위이자 배은망덕이다. 죄 가운데 살면서 구원을 기대하는 자들은 "그리스도인의 이름표를 떼어버리든지, 아니면 죄의 삶을 버리든지" 둘 중 하나를 선택해야 한다. 거룩함이 없는 삶은 그리스도의 십자가의 원수로 행하는 것이며, 그리스도와 복음을 가장 크게 모독하는 행위이다.

6.8. 결론: 성결은 왕궁의 예복이다

성결은 영원한 구원에 이르는 피할 수 없는 과정이며, 우리가 택함 받았음을 확증하는 유일한 열매이다.

오웬은 성결을 왕궁에 들어가기 위해 필요한 예복과 같다고 비유한다. 이 예복을 얻는 공로(칭의)는 그리스도께서 이미 다 이루셨지만, 이 예복(성결)을 입고 왕궁의 질서(거룩한 행위)에 따라 왕을 기쁘시게 섬기는 것은 우리 각자의 실천이자 의무이다. 성결은 또한 그리스도인이 마땅히 입어야 할 갑옷과 같으며, 이 갑옷을 입고 싸우는 자에게 내적 평화와 원수(죄)와 맞설 힘이 주어진다.

6.9. 현대 성도를 위한 절대적 성결의 실천적 적용

1) 서론: 성결은 구원의 부속품이 아닌 필수 경로이다

존 오웬의 시대나 현대나, 그리스도인들은 성결(Holiness)을 종종 믿음 이후의 선택 사항이나 율법적인 부담으로 여기는 경향이 있다. 그러나 오웬은 『성령론』 제5권을 통해 성결이 구원의 경로 자체에 필수적인 요소임을 강력히 선언한다. 현대 성도들은 이 근본적인 진리를 굳게 붙잡아야 한다. 성결은 영혼과 지성, 의지, 감정이 하나님의 은혜로 내적으로 변화되어, 믿음과 사랑을 따라 하나님의 영광을 위해 순종하는 복음적 행위이다. "성결 없이 구원을 기대하는 것"은 하나님의 거룩하신 성품과 그분의 영원한 작정, 그리고 그리스도의 구속 사역 전체를 무효화하려는 심각한 자기기만이다.

현대 교회의 성도들은 영적 성장의 목표를 모호하게 설정할 것이 아니라, 하나님의 형상을 회복하고 그분께 복종하는 삶이라는 오웬의 명확한 기준을 삶의 전면에 내세워야 한다.

2) 적용점 1: 하나님의 거룩하심을 '절망'이 아닌 '동기'로 바라보라

오웬은 하나님의 거룩하심 자체가 성결의 절대적 필요성을 입증하는 가장 근본적인 원인임을 강조한다. 거룩하지 않은 자는 하나님의 목전에 설 수 없으며, 하나님과의 실제적인 교제가 불가능하다.

a. 죄의 심각성에 대한 현대적 인식 회복

현대 성도들은 종종 '은혜'만을 강조하면서 죄의 심각성을 희석시키곤 한다. 오웬의 경고는 오늘날에도 유효하다. 만약 우리가 거룩함을 위해 노력하지 않는다면, 이는 곧 하나님을 멸시하고 그분의 주권적 권위를 거부하는 행위가 된다. 우리는 일상에서 짓는 사소한 거짓말, 미련함, 불의가 하나님의 거룩하심에 정면으로 위배됨을 인정하고, 이 죄악을 거부하려는 노력을 멈춰서는 안 된다.

b. 그리스도의 중보를 통한 용기 획득

타락한 인간이 하나님의 거룩하심(소멸하는 불)을 홀로 대면하면 절망할 수밖에 없다. 그러나 현대 성도들은 성결을 위한 동기와 격려를 그리스도 예수 안에서 계시된 하나님의 거룩하심에서 찾아야 한다.

실천적 적용: 성결은 우리의 능력이나 완벽한 행위로 도달하는 것이 아니라, 그리스도의 중보를 통해 하나님께서 받으시도록 조건이 마련된 '진실하고 성실한 수준의 성결'을 추구하는 것이다. 성도는 죄와 싸움에 지쳐 절망할 때, 그리스도 안에서 선언되고 운용되는 은혜의 영적 권능이 자신 안에서 성결을 이룰 것임을 믿고, 경외함 속에서도 성결을 추구할 용기를 얻어야 한다.

3) 적용점 2: 선택 교리를 '게으름'이 아닌 '확증과 겸손'의 동기로 삼으라

하나님의 영원한 작정, 곧 선택 교리는 성결의 필요성을 부인하는 것이 아니라, 오히려 성결을 위한 가장 강력한 동기를 제공한다. 오웬은 예정론이 '성결 노력을 무의미하게 만든다'는 반론을 육신적이고 믿지 않는 마음에서 비롯된 것이라 일축한다.

a. 성결은 선택을 확증함의 유일한 열매이다

현대 성도들이 자신의 구원과 신앙의 진정성을 확신하는 유일한 경로는 성결이라는 열매를 통해서이다. 성결 없이 구원의 확신을 가지는 것은 스스로를 속이는 행위이며, 하나님의 불변하신 작정에 위배된다.

실천적 적용: 신앙의 여정에서 의심과 두려움이 들 때, 우리는 하나님의 은밀한 작정을 탐구하며 시간을 낭비할 것이 아니라, 부르심과 택하심을 굳게 하기 위해 더욱 힘써 성화의 행위(믿음, 덕, 지식, 사랑 등)를 실천해야 한다. 거룩한 순종을 진지하게 추구하는 사람은 그 행위 자체가 하나님의 선택의 열매이기 때문에 영원한 복락을 얻을 것이 보장된 것과 다름없다.

b. 선택적 사랑에서 나오는 겸손과 복종

하나님의 영원한 선택적 사랑은 현대 성도들에게 구체적인 성화의 동기를 제공한다.

- 겸손: 하나님께서 우리에게 어떤 선함이나 공로를 보고 택하신 것이 아님을 기억할 때, 우리는 영원히 겸손을 옷 입을 수밖에 없다.
- 주권적 뜻에 대한 복종: 우리의 영혼이 하나님의 주권적인 뜻 안에서 안전함을 확신한다면, 세상에서의 일시적인 문제나 재난 또한 그분의 주권적 손길 아래 있음을 인정하고 기꺼이 복종해야 한다. 이는 현대 사회의 불안정함 속에서 성도들이 세상적인 가치(부요, 명예, 권력)를 경멸하고 거룩함에 집중할 수 있는 근거가 된다.

4) 적용점 3: 거룩한 순종은 자유의 핵심이자 영적 치료제이다

성결은 하나님의 절대적인 권위에 대한 순종일 뿐만 아니라, 인간 영혼의 근본적인 비참함과 혼란을 치료하는 유일한 방안이다.

a. 명령은 우리에게 최고의 유익을 제공한다

하나님은 당신의 지혜와 선하심을 따라 성결을 명령하셨으며, 이 명령은 순종하는 사람에게 최고의 혜택과 유익을 준다. 현대 성도들은 성결을 억압적인 율법으로 볼 것이 아니라, 하나님을 향한 순종이 곧 우리 자유의 본질적이고 핵심적인 부분임을 깨달아야 한다.

실천적 적용: 새 언약 안에서 복음은 단순히 명령만 하는 것이 아니라, 그 명령을 수행할 영적인 힘과 능력을 공급하신다. 우리는 이 은혜의 능력 때문에 순종의 의무를 기쁨과 만족함으로 수행할 수 있다. 성결의 내용(참되고, 의롭고, 정결하고, 사랑받을 만한 것들)은 우리 자신뿐 아니라 공동체와 세상에도 실제적인 유익을 끼친다.

b. 죄로 인한 영혼의 혼란에 대한 유일한 치료

오웬은 죄로 인해 인간의 영혼이 어둠과 허망함, 혼란에 사로잡혀 있으며, 악한 정욕으로 인해 "요동치는 바다"와 같다고 지적한다. 현대 사회의 혼란과 무질서, 폭력은 결국 인간 마음속에 있는 악한 정욕에서 비롯된 것이다.

실천적 적용: 교육이나 철학적 미덕과 같은 인간적인 수단은 영혼의 근본적인 질병을 치료하지 못한다. 성결이야말로 하나님의 형상을 새롭게 회복하는 유일한 방안이며, 이것이 없이는 마음의 평안이나 질서를 얻을 수 없다. 성화된 영혼은 내적 갈등을 겪지만, 은혜가 왕 노릇하는 신성한 질서와 평화를 유지하게 된다.

5) 적용점 4: 성결은 그리스도의 왕궁 예복이자 십자가의 증언이다

오웬은 그리스도의 삼중 직분(제사장, 선지자, 왕)이 성결의 필요성을 확증한다고 논증한다. 그리스도의 구속 사역의 궁극적인 목적은 우리를 거룩하게 만드시는 것이었다.

a. 거짓된 믿음과 맹신에 대한 현대적 경고

오웬은 성결 없는 믿음(행함 없는 믿음)이 구원할 수 있다고 생각하는 것은 헛되며 영혼을 속이는 것임을 강력하게 경고한다. 특히 거룩하지 않은 채 죄 가운데 살면서 구원을 희망하는 자들은 "그리스도의 십자가의 원수"로 행하는 것이며, 그리스도와 복음을 가장 크게 모독하는 자들이다.

실천적 적용: 현대 성도들은 성결의 결과가 나타나지 않는다면, 그리스도의 약속에 참여했다는 증거가 전혀 없다는 오웬의 엄중한 경고를 진지하게 받아들여야 한다. 그리스도인이라고 공언하는 사람이 죄악된 삶을 계속 영위한다면, 그는 "그리스도인이라는 이름표를 떼어버리든지, 아니면 죄의 삶을 버리든지" 둘 중 하나를 선택해야 한다.

b. 성결의 실천 : 성결은 믿음과 사랑의 행사를 통해 진보된다

- 믿음의 행사: 믿음으로 그리스도 안에 계시된 하나님의 영광스러운 속성들(선하심, 거룩하심, 사랑)을 끊임없이 바라볼 때, 성령의 역사로 말미암아 우리는 "그와 같은 형상으로 변화하여 영광에서 영광에 이르는" 진보를 경험하게 된다.
- 사랑의 행사: 하나님을 사랑하는 사람은 긍휼과 자비, 온유, 오래 참음을 실천함으로써 하늘 아버지의 자녀다운 모습을 드러내야 한다.

오웬은 성결을 왕궁에 들어가기 위해 필요한 예복 또는 마땅히 입어야 할 갑옷에 비유한다. 우리가 이 예복(성결)을 입고 왕궁의 질서(거룩한 행위)를 영위하는 것이야말로 그리스도의 영광을 세상에 증언하는 유일한 길이며, 영원한 영광에 참여할 합당한 자격을 갖추게 하는 방편이다. 성결의 갑옷을 입고 끊임없이 죄의 원수와 싸우는 자에게만 내적 평화와 승리가 보장된다.